中国社会科学院国情调研特大项目"精准扶贫精准脱贫百村调研"

精准扶贫精准脱贫百村调研丛书

CASE STUDIES OF TARGETED POVERTY REDUCTION AND
ALLEVIATION IN 100 VILLAGES

李培林／主编

精准扶贫精准脱贫
百村调研·姜家村卷

"绿色＋健康"的双重维度

蒋　尉　蒋潇棋　傅　绚／著

社会科学文献出版社
SOCIAL SCIENCES ACADEMIC PRESS (CHINA)

中国社会科学院国情调研特大项目
"精准扶贫精准脱贫百村调研"
项目协调办公室

主　任：王子豪
成　员：檀学文　刁鹏飞　闫　珺　田　甜　曲海燕

总　序

　　调查研究是党的优良传统和作风。在党中央领导下，中国社会科学院一贯秉持理论联系实际的学风，并具有开展国情调研的深厚传统。1988年，中国社会科学院与全国社会科学界一起开展了百县市经济社会调查，并被列为"七五"和"八五"国家哲学社会科学重点课题，出版了《中国国情丛书——百县市经济社会调查》。1998年，国情调研视野从中观走向微观，由国家社科基金批准百村经济社会调查"九五"重点项目，出版了《中国国情丛书——百村经济社会调查》。2006年，中国社会科学院全面启动国情调研工作，先后组织实施了1000余项国情调研项目，与地方合作设立院级国情调研基地12个、所级国情调研基地59个。国情调研很好地践行了理论联系实际、实践是检验真理的唯一标准的马克思主义认识论和学风，为发挥中国社会科学院思想库和智囊团作用做出了重要贡献。

　　党的十八大以来，在全面建成小康社会目标指引下，中央提出了到2020年实现我国现行标准下农村贫困人口脱贫、贫困县全部"摘帽"、解决区域性整体贫困的脱贫攻坚目标。中国的减贫成就举世瞩目，如此宏大的脱贫目标世所罕见。到 2020 年实现全面精准脱贫是党的十九大提出的三大攻坚战之一，是重大的社会目标和政治任务，中国的贫困地区在此期间也将发生翻天覆地的变化，而变化的过程注定不会一帆风顺或云淡风轻。记录这个伟大的过程，总结解决这个世界性难题的经验，为完成这个攻坚战献计献策，是社会科学工作者应有的责任担当。

2016 年，中国社会科学院根据中央做出的"打赢脱贫攻坚战"战略部署，决定设立"精准扶贫精准脱贫百村调研"国情调研特大项目，集中优势人力、物力，以精准扶贫为主题，集中两年时间，开展贫困村百村调研。"精准扶贫精准脱贫百村调研"是中国社会科学院国情调研重大工程，有统一的样本村选择标准和广泛的地域分布，有明确的调研目标和统一的调研进度安排。调研的 104 个样本村，西部、中部和东部地区的比例分别为 57%、27% 和 16%，对民族地区、边境地区、片区、深度贫困地区都有专门的考虑，有望对全国贫困村有基本的代表性，对当前中国农村贫困状况和减贫、发展状况有一个横断面式的全景展示。

在以习近平同志为核心的党中央坚强领导下，党的十八大以来的中国特色社会主义实践引导中国进入中国特色社会主义新时代，我国经济社会格局正在发生深刻变化，脱贫攻坚行动顺利推进，每年实现贫困人口脱贫 1000 多万人，贫困人口从 2012 年的 9899 万人减少到 2017 年的 3046 万人，在较短时间内实现了贫困村面貌的巨大改观。中国社会科学院组建了一百支调研团队，动员了不少于 500 名科研人员的调研队伍，付出了不少于 3000 个工作日，用脚步、笔尖和镜头记录了百余个贫困村在近年来发生的巨大变化。

根据规划，每个贫困村子课题组不仅要为总课题组提供数据，还要撰写和出版村庄调研报告，这就是呈现在读者面前的"精准扶贫精准脱贫百村调研丛书"。为了达到了解国情的基本目的，总课题组拟定了调研提纲和问卷，要求各村调研都要执行基本的"规定动作"和因村而异的"自选动作"，了解和写出每个村的特色，写出脱贫路上的风采以及荆棘！对每部报告我们都组织了专家评审，由作者根据修改意见进行修改，直到达到出版要求。我们希望，这套丛书的出版能为脱贫攻坚大业写下浓重的一笔。

中共十九大的胜利召开，确立习近平新时代中国特色社会主义思想作为各项工作的指导思想，宣告中国特色社会主义进入新时代，中央做出了社会主要矛盾转化的重大判断。从现在起到 2020 年，既是全面建成小康社会的决胜期，也是迈向第二个百年奋斗目标的历史交会期。在此期间，国家强调坚决打好防范化解重大风险、精准脱贫、污染防治三大攻坚战。2018 年春节前夕，习近平总书记到深度贫困的四川凉山地区考察，就打好精准脱贫攻坚战提出八条要求，并通过脱贫攻坚三年行动计划加以推进。与此同时，为应对我国乡村发展不平衡不充分尤其突出的问题，国家适时启动了乡村振兴战略，要求到 2020 年乡村振兴取得重要进展，做好实施乡村振兴战略与打好精准脱贫攻坚战的有机衔接。通过调研，我们也发现，很多地方已经在实际工作中将脱贫攻坚与美丽乡村建设、城乡发展一体化结合在一起开展。可以预见，贫困地区的脱贫攻坚将不再只局限于贫困户脱贫，我们有充分的信心从贫困村发展看到乡村振兴的曙光和未来。

是为序！

全国人民代表大会社会建设委员会副主任委员

中国社会科学院副院长、学部委员

2018 年 10 月

前　言

　　2015 年 9 月联合国峰会上可持续发展目标（SDGs）正式公布，SDGs 是在联合国千年发展目标（MDGs）基础上更进一步的一系列新的发展目标，即在 MDGs 到期之后继续引导 2015~2030 年的全球发展。SDGs 由 17 个子目标组成，子目标之间是相互紧密联系的，旨在以整合的方式转向可持续发展道路，实现经济、环境、社会的和谐发展。SDGs 的首要目标是在世界每一个角落永远消除贫困。此前的 MDGs 于 2000 年设立了具体目标，促使人们关注贫困问题并调动资金用于减贫——从 2000 年到 2015 年，MDGs 已经取得了巨大进展，全球超过 6 亿人摆脱了贫困，但在发展中地区有 1/5 的人仍旧生活在每天 1.25 美元贫困线以下，千百万人每日收入勉强高于这个水平，还有许多人有返贫的风险。贫困不仅是缺乏收入和资源导致难以维持生计，还表现为饥饿和营养不良、无法充分获得教育和其他基本公共服务、受社会歧视和排斥以及无法参与决策，人类在彻底消除贫困方面仍面临严峻挑战。

　　在 MDGs 的进程中，我国做出了举世瞩目的贡献，中国摆脱极端贫困的人数将近 8 亿人。自 1990 年联合国开发计划署在全球首次测算人类发展指数以来，我国是唯一的从低人类发展水平跨越到高人类发展水平的国家。我国在基础教育和基本医疗保障领域开展了广泛有效的工作，到2000年世纪之交时，我国已结束了短缺经济时代，并开始向经济、社会和生态环境统筹的发展方式转变，以如期实现"全面建设小康社会"的宏伟目标。珠三角、长三角地区发展尤为迅速。浙江便是其中一个典型的发达省份，2015年浙江省人均GDP达7.64万元，超出全国水平55.28%，位居全国第六（包括台湾地区），农村人均收入达21000元，居全国第二。无论从全省GDP还是人均GDP，也无论从城镇还是农村人均收入的角度来衡量，浙江均位居全国前茅。由此，改革开放以来，浙江与其他几个省市如江苏、上海等则成为"经济繁荣"的代名词。然而这种以平均值为变量的测量标准，在均值高而方差大的情况下，仅仅展示了地区繁荣的一面，在漂亮的平均数据掩盖下，发达地区的贫困村则成为阳光照射不到的角落。位于浙江省衢州市龙游县的姜家村就是典型的被繁华掩盖的贫困村：在那儿，人们的饮食安全、义务教育、卫生医疗、社会保险都成为农村居民的担忧因素。尽管2015年浙江省农村人均收入为21125元，远高于全国平均的11422元，然而姜家村仅7500元，几乎是全省平均值的1/3，不到全国平均值的66%。更值得深思的是，在浙江省，姜家村现象并非个案，类似的还有林根村、芝潭金村、陆村等龙游县境内的十多个偏远村落；此外，这种繁华与贫困共生的现象不只是浙江省的"独特风景"，而是大部分发达省份的共性。

联合国可持续发展目标是千年发展目标的承接和进一步发展，不把任何人排除在发展之外，因而要在全球范围内消除贫困，就必须使减贫脱贫的阳光普照到每一个角落。这就需要我们透过繁华的平均数据去重新审视发达省份的贫困村现象，研究其成因进而努力推动其扶贫脱贫的进展。

中央及各级党组织也一直记挂着欠发达地区的经济社会发展和脱贫致富状况，龙游县罗家乡便是习总书记曾考察并寄予厚望的一个乡镇。2007 年春，时任浙江省委书记的习近平同志亲自来罗家乡考察，对当地扶贫工作寄予了殷切的期望。2007 年 1 月，他在衢州、丽水等地调研"欠发达乡镇奔小康工程"时强调，要全面落实科学发展观和构建社会主义和谐社会的要求，按照浙江省委、省政府的部署，结合各地实际情况，充分发挥本地优势，进一步加大实施"欠发达乡镇奔小康工程"力度，加快浙江全面建设小康社会的进程。1 月 22~23 日，浙西南山区正直冬末初春时节，还是风雨严寒的天气，习近平一行冒严寒、顶风雨，深入衢州龙游县、丽水龙泉市等地的欠发达乡镇村落，走村访户，考察山区群众生产生活和脱贫致富等情况。1 月 22 日上午，习近平来到龙游县罗家乡慰问困难群众。在年过七旬的孤寡老人王树松家，习近平握着老王的手，关切地询问他的生活、身体和养老、医疗保险等情况，要求当地政府更多关心和帮助困难群众，特别是孤寡老人，让他们感受到党和政府的关怀。老王虽然双目失明，但眼眶里噙着激动的泪花。

在罗家乡荷村，习近平一行考察竹制品加工点，参观村民制作的竹工艺品，与乡村干部和基层群众座谈。当了解到当地群众利用丰富的毛竹资源发展加工业，使许多群众脱贫致富等情况后，习近平说，促进欠发达地区的发展特别是低收入农民的增收，要着眼于推进高效生态农业建设，充分发挥山区资源优势，大力发展特色产业。省内农林类科研院校要坚持为"三农"服务的方向，加大"科技兴农"力度，指导农村群众提高劳动生产率，增加农林产品附加值。要积极引导企业采取订单培训、定向招工的办法，提高培训的针对性和就业转移率，促进更多的欠发达地区农民转移就业和稳定就业。

当天下午，习近平还来到罗家乡相邻的龙泉市竹垟畲族乡，冒雨上山考察由200多户茶农合建的茶叶基地，与茶农共商发展优质有机茶问题。接着，他来到金田村察看下山脱贫小区和菇业加工厂，关切地向村民询问下山后的生产生活情况。夜色朦胧时，习近平在竹垟畲族乡政府，与县乡村干部座谈。他在听取当地干部的发言后说，要进一步加大产业化扶贫、农民培训和转移就业、下山脱贫等方面工作力度，切实加快少数民族县和乡镇奔小康步伐。要在保护生态的前提下，科学有效地抓好山区资源开发，充分发挥科技特派员、农村工作指导员及其派出单位的作用，进一步提高欠发达乡镇特色产业的发展水平。在考察后的"欠发达乡镇奔小康工程"座谈会上，习近平听取了当地政府有关部门的情况汇报。他在充分肯定浙江省实施"欠发达乡镇奔小康工程"取得显著成效的同时，指出必须进一步加强组织领导，加大扶持力度，充分发挥党委、政府在欠发达乡镇奔小康中的引导推动作用。要坚持"真扶贫、扶真贫"，实施"进村入户、抓低促面"的帮扶机制，切实把帮扶工作做到村、做到户、做到人，促进低收入农户的持续增收。要动员社会参与，举各方之力切实实施这一工程的要求，努力完成"欠发达乡镇奔小康工程"的既定目标。各级各部门都要进一步加大对欠发达地区的扶持力度，进一步落实结对帮扶措施。[①] 考察中，习近平充分肯定了所考察的几个乡镇的发展。例如，习近平认为罗家乡发展势头很好，面貌变化比较大，广大干部群众的精神状态都比较好。欠发达地区、山区奔小康的信心、决心比较大。同时他也提出了明确的要求，其中提到浙江省刚刚开完农村工作会议，会议的思路、指导思想要结合实际贯彻。罗家乡要坚定不移地走特色发展之路，不要这山望着那山高，盲目攀比其他地方。对此，习近平还谈到具体的措施：首先要看自己的优势是什么，山区的优势还是靠山吃山、因地制宜地去发展特色产业。罗家乡的优势就是山林、毛竹、茶叶。其次要咬定青山不放松，锲而不舍，把当地的资源优势充分地利用起来，不能妄自菲薄，不能视而不见，这些优势就是罗家乡各自然村的立生之本。罗家乡三年人均年收入增加了1200元，年均增长400元，靠的就是当地特色产业——毛竹。最后，欠发达地区、山区的增长空间很大，大有可为。如毛竹一身是宝，

---

① 周咏南:《习近平在衢州丽水调研时强调深入推进"欠发达乡镇奔小康工程" 加快浙江全面建设小康社会进程》,《浙江日报》2007年1月24日。

通过精加工，增值的空间很大。随着当地农民发展能力的增强，毛竹加工的深度、广度必将进一步增强，经济效益会更为明显。山区资源极其丰富，何止毛竹，还有中药材、高山蔬菜等。罗家乡各村的发展都要充分利用山区的山地资源、高山小气候优势，开辟一些新的增收领域。习近平强调各乡镇村要根据自己的特色走自己的路，行行出状元。将来农业强县、强镇的评比不仅仅是看建了几家工厂，因为有的地方发展工业的代价太大了，发展不适宜的工业不仅给当地带来了环境污染，而且对全局的环境都将带来破坏，如2006年中国经济增长速度很快，但是付出代价过大。因而罗家乡也必须要发展生态型的工业，习近平考察后，当地干部群众深受鼓舞，龙游县罗家乡姜家村已朝着这个方向努力。

农村致富离不开对农民的培训。习近平在罗家乡的考察中提到，农业劳动力是过剩的，因此需要把农民转变成二、三产业的生产者，使农村人口减量化。现代化要求城市化程度达到65%~70%。浙江省2007年的城市化率为57%，与现代化尚有距离，虽然城市化推进力度比较大，但和现代化要求相比，尚有很大的差距。奔小康工程是一个此消彼长的过程，城市化比例增加，农村人口减少；二、三产人数增加，一产人数减少。而浙江省一产的从业人数比例远大于一产GDP的比重，农民收入低，两者不同步，这与农业的投入产出比过低有很大的关系。对此，习近平强调农民培训，不仅仅是短期培训，更重要的是培训农民技工。在某一个方面让农民有"一招鲜"，能立定脚跟，有稳定的收入，能稳定地转业、转产、转型。再有就是要着眼培训留在农村的、从事现代农业生产的农民，着力提升他们的文化素质、产业技能。农民培训是很重要的因素，也是很艰巨的任务，培训一定要有针对性、见效果。

习近平提到，新农村建设在浙江，是以"千村示范、万村整治"为龙头，加上一系列配套政策，使得全省农村村容村貌，包括社会事业发展、精神文明建设都取得了显著成效，要再接再厉地抓好。要坚持分类指导，因地制宜，不同类型的地方，沿海、平原、山区、海岛，以工业为主的、以农业为主的，城郊型、偏远型，发达的、欠发达的，要有不同的要求，选择不同的模式。但是总体上来讲，要逐步建立和完善基础设施，村容村貌要整洁起来，农村环境要像城市一样净化、美化，社会事业要与经济建设同步发展，包括人员素质、体制、机制、农村政策、基层组织建设在内的软实力要与经济发展相配套。只有这样，才能使浙江的全面小康率先实现。要将我们原有的，并且已经抓出成效的东西，锲而不舍地抓好，大家一步一个脚印地去完成。①

此次调研的对象便是浙江西南山区的一个贫困村——龙游县罗家乡姜家村。姜家村地处龙南山区，山林面积8933亩，其中竹林面积3900余亩，耕地面积827亩。全村呈蛇形，约4.5公里长。全村共有14个自然村12个村民小组349户，在册人口1193人。低收入农户268户，

---

① 在访谈中根据村民和干部的陈述记录整理。

低收入农户占总农户数的 76.8%。村集体收入主要有毛竹承包山、茶叶山，村集体年收入仅 0.9 万元，村民收入主要以卖毛竹、茶叶和外出打工为主。[①]

调研的目的即透视发达地区华丽的平均数据掩盖下的贫困面，考察脱贫的进展和研究贫困的客观原因，立足当地的实际发展情况和资源特点，探求最可持续的脱贫和发展路径，并提出相应的对策建议，服务中央决策和国家"十三五"规划精准脱贫大局，以期给当地带来实质性的、基于永续发展的好的变化。

调研的具体内容包括：调查案例村——浙江省龙游县罗家乡姜家村的基本状况、贫困状况及其演变，贫困的成因、减贫历程和成效；脱贫和可持续发展的可能路径和相应的政策建议等，以便从村庄脱贫实践中总结当前精准扶贫和精准脱贫的经验教训，为进一步的精准脱贫事业提供经验和政策借鉴。

调查研究的方法为田野调查法。为了获取最真实的信息以确保研究结论与建议的可靠性和有效性，此次调研拟采取人类学田野调查方法，即参与观察法。课题组拟在被调查的村落——浙江省龙游县罗家乡姜家村连续生活两个月，完全和村民共同生活，从而观察、了解和认识村落的发展变化，进而认识他们的社会与文化。在此基础上开展抽样问卷调查，入户访谈（采取深访的形式），保证每一份问卷的真实性和有效性。深入了解该村落的基本状况、

精准扶贫精准脱贫百村调研·姜家村卷

---

① 数据由姜家村村委会计室提供，2017 年 7 月。

贫困状况及其演变，分析贫困的成因、减贫历程和成效，以便准确、有针对性地提出脱贫和可持续发展的可能路径及相应的政策建议。具体分为五个阶段。

准备阶段：确定调查点、熟悉调查点情况、根据中国社会科学院国情调研重大项目统一设计的调查表格来撰写具体的调查提纲。

开始阶段：与当地县政府联系，确定课题组在该村落的住宿点，进一步熟悉当地的情况。

调查阶段：入乡随俗共同生活，在尊重他人的情况下逐步开展调查。

撰写调查研究报告，以及补充调查和完善研究报告阶段：在撰写报告过程中对新出现的问题或者未解决的问题进行补充性和扩展性调查，并据此完善研究报告。

本课题具体的执行情况为：2017年3月中旬至7月中旬启动第一轮进村调研，确定所有样本农户，采取田野调查的方式入住案例村，清理核实问卷。问卷数据整理后，借助软件分析已有资料数据，形成调研报告基本框架后，2017年9月再次入住姜家村，针对数据分析中发现的问题和不清楚的地方进行第二轮调查，即补充性、扩展性调查。2017年10月至2018年3月，陆续重访姜家村，同时与龙游县扶贫办和农业办、财政局进行交流，获得与姜家村扶贫相关的其他数据资料。2018年5月底根据补充扩展调查的结果修改完善初稿，同时发送相关的专家和当地居民代表，举行小型的座谈会，根据意见进行补充修改，2018年8月底提交研究报告。

在此期间，课题组成员入住姜家村农户姜友珍夫妇家，同吃同住，在完成问卷期间进行入户深访，与周围农户深入交流，获得了珍贵的第一手资料。每一份问卷都是由课题组成员一起逐个问题细致地询问被访人，以至于我们每天至多只能完成三份问卷，但是问卷的有效性和真实性得到了保证，使得调查报告能够最原始地反映姜家村脱贫发展的历程、经验及诉求。我们需要仔细倾听当地村民的心声，在基于客观条件的基础上探索其增强可持续发展能力的有效路径，提出进一步发展的建议，努力帮助他们实现对未来的愿景。

目 录

// 001　第一章　龙游县罗家乡姜家村情况概述

　/ 003　第一节　衢州市概况

　/ 007　第二节　龙游县概况

　/ 009　第三节　罗家乡概貌

　/ 012　第四节　姜家村概貌

// 021　第二章　姜家村贫困户、非贫困户、脱贫户基本情况分析

　/ 023　第一节　调查对象分类及样本特征分析

　/ 029　第二节　贫困户、非贫困户与脱贫户之间的特征对比

　/ 056　第三节　贫困户、非贫困户和脱贫户的家庭收入、生活消费和幸福感差异

　/ 048　第四节　房产和居住情况

　/ 056　第五节　健康与医疗

　/ 062　第六节　养老

　/ 064　第七节　劳动力和土地

　/ 072　第八节　各类意外事件和问题

　/ 076　第九节　社会身份和政治社会活动参与

　/ 078　第十节　家庭关系

/ 083　第十一节　闲暇和业余活动

/ 085　第十二节　子女教育

// 089　第三章　姜家村村民绿色低碳意愿调查及其与城
镇居民的比较

/ 091　第一节　姜家村绿色低碳发展的背景

/ 092　第二节　主要方法及资料来源

/ 093　第三节　龙游县姜家村村民与城镇居民绿色低碳
意愿的比较

/ 106　第四节　姜家村村民具有较高的绿色低碳发展意愿

// 109　第四章　导致贫困的因素、扶贫措施及其效果评价

/ 112　第一节　致贫原因

/ 113　第二节　扶贫措施

/ 115　第三节　脱贫情况

// 121　第五章　实现脱贫和进一步发展的路径：绿色
扶贫 + 健康扶贫

/ 124　第一节　健康扶贫

/ 140　第二节　绿色低碳扶贫

/ 148　第三节　建立和发展农村合作社

// 153　附　录

/ 155　浙江省扶贫健康保险合同

// 163　参考文献

// 167　后　记

第一章

龙游县罗家乡姜家村情况概述

第一节　衢州市概况

衢州市是浙江省西部、钱塘江源头的一座历史文化名城，地处浙、闽、赣、皖四省边界，市域面积 8844 平方公里，辖柯城、衢江 2 个区，龙游、常山、开化 3 个县和江山市，人口有 258 万人。衢州市始建于东汉初平三年（公元 192 年），有 6000 多年的文明史、1800 多年的建城史，1994 年被命名为国家历史文化名城，文脉绵延流长，有江南地区保存最好的古代州级城池衢州府城、全国重点文物保护单位衢州府城墙，复建的天王塔院、文昌阁等历史文化古迹。衢州是圣人孔子后裔的世居地和第二故乡，是儒学文化在江南的传播中心，历史上儒风浩荡、人才辈出，素有"东南阙里、南孔圣地"的美誉，位于市区的衢州孔氏南宗家庙是全国仅有的两座孔氏家庙之一。衢州是伟人毛泽东的祖居地，江山清漾村被中央党史研究室、国家档案局以及毛泽东嫡孙一致确认为毛泽东祖居地和"江南毛氏发祥地"，《清漾毛氏族谱》被列入首批《中国档案文献遗产名录》。衢州还是围棋文化发源地，早在东晋时期就有樵夫王质在烂柯山遇神仙下围棋的故事，这是有关围棋起源最早的文字记载，烂柯山也被誉为"围棋仙地"。2016年，以柯城九华立春祭为代表的中国二十四节气，被列入联合国教科文组织人类非物质文化遗产代表作名录。衢州认真贯彻落实习近平总书记在浙江工作时提出的"让南孔文化重重落地"重要指示精神，大力推动优秀传统文化创造性转化、创新性发展，结合创建全国文明城市，全力打响"南孔圣地、衢州有礼"城市品牌，打造"一座最有礼的城市"。

衢州是一座生态山水美城。因山得名、因水而兴，仙霞岭山脉、怀玉山脉、千里岗山脉将衢州三面合抱，常山江、江山江、乌溪江等九条江在城中汇聚一体。全市森林覆盖率为71.5%，全市出境水水质保持在Ⅱ类以上，省控以上考核断面水质达标率为100%，连续4年夺得浙江省治水最高荣誉"大禹鼎"，市区空气质量优良率（AQI）为88.8%，市区PM2.5浓度为33微克/米^3，全市建成区绿化覆盖率为40.5%，人均公园绿地为13.24平方米，是浙江的重要生态屏障、国家级生态示范区、国家园林城市、国家森林城市，2018年12月获联合国"国际花园城市"

称号。衢州是中国优秀旅游城市、首个国家休闲区试点，共有根宫佛国文化旅游区、江郎山－廿八都旅游区两个5A级景区和14个4A级景区，江郎山是浙江第一个世界自然遗产，钱江源国家公园是华东地区唯一的国家公园体制试点，龙游姜席堰与都江堰、灵渠等一同跻身世界灌溉工程遗产。目前，衢州正在大力创建国家全域旅游示范区，积极推进浙皖闽赣国家生态旅游协作区建设，开展"全球免费游衢州"活动，努力打造"诗画浙江"中国最佳旅游目的地和世界一流的生态旅游目的地。

衢州南接福建南平，西连江西上饶、景德镇，北邻安徽黄山，东与省内金华、丽水、杭州三市相交，历来是浙闽赣皖四省边界交通枢纽和物资集散地，素有"四省通衢、五路总头"之称。境内航空、铁路、公路、水运齐全，民航直达北京、深圳、昆明、青岛、重庆、济南、海口，衢州港龙游港区正式开港，断航60年的钱塘江中上游航道全线通航，杭金衢、杭新景高速和黄衢南、龙丽温高速形成"两横两纵"路网框架，浙赣铁路、杭长高铁、衢九铁路横贯全境，衢宁铁路加快推进，在衢州逐步形成"米"字形铁路枢纽，是全省首个县县通高铁（动车）、高速公路的地级市，区位优势越发凸显。衢州坚持借势借力、开放开发，着力打开有形、无形两个大通道。有形大通道就是由高铁、高速、航空、航运等构成的现代综合交通网络体系，其中杭衢高铁于2018年9月底先行开工，计划2022年建成通车，届时衢州与杭州的时空距离将缩短至40分钟左右，实现枢纽接枢纽、西站通西站、高地到高地、通达变通勤。无形大通道就是杭衢创新合作机制，打造杭衢山海协作升级版，全面融入杭州都市圈、创新生态圈，加速杭衢同城化、一体化，2018年10月25日衢州正式加入杭州都市圈。

衢州于1985年从金华地区分设，复建地级市。30多年来，经济社会发展取得历史性成就、发生历史性变革，全面建成小康社会取得阶段性成果。2018年，全市实现生产总值1470.6亿元，增长7.2%，GDP增幅五年来首次超过全省平均增幅；一般公共预算收入128.1亿元，增长15.1%，固定资产投资增长4.3%，社会消费品零售总额717.5亿元，增长9.2%，出口总额232.1亿元；城镇居民人均可支配收入43126元，增长9%，农村居民人均可支配收入22255元，增长10%，增幅均列全省第二位；平安建设实现十二连冠"夺金鼎"，连续7年被评为省社会治安综合治理优秀市。以"最多跑一次"改革为"牛鼻子"，撬动全方位、各领域、深层次改革，努力打造中国营商环境最优城市，在2018年8月发布的全国首个营商环境试评价中，衢州位列北京、厦门、上海之后，在22个试评价城市中排名第四，在全国参评地级市中排名首位。衢州做实做细做深做优党建统领基层治理这篇大文章，努力打造中国基层治理最优城市，"雪亮工程"成为全国标杆，和阿里共建的城市数据大脑2.0让城市更智慧，基层治理体系和治理能力现代化水平不断提升。谋划推进"三城记"——核心圈层·城市阳台、高铁新城·未来社区、南孔古城·历史街区规划建设，努力打造远山近水、青山绿水，水城交融、蓝绿交织，古城新市、交相辉映，产城人文、融合发展的历史之城、现代之城、未来之城。大力发展美丽经济幸福产业、数字经济智慧产业，阿里、中兴、网易、安恒、智网科技、深兰科技等互联网领军企业纷至沓来，与浙江大学共建浙大工程师学院衢州分院、浙大衢州研究院，产业创新探出新路，创新驱动生态体系日益健全。

2017年衢州市获批我国第三批低碳城市试点，将坚定不移地践行"绿水青山就是金山银山"理念，以"大花园"建设为统领，以全国"两山"实践示范区、全国绿色金融改革创新试验区为支撑，聚焦交通先导、城市赋能、产业创新、乡村振兴、队伍建设、基层治理、营商环境、城市文明"八大任务"，一张蓝图绘到底、一年接着一年干、苦干实干加巧干，加快建设"活力新衢州、美丽大花园"，打造大湾区的战略节点、大花园的核心景区、大通道的浙西门户、大都市区的绿色卫城。

第二节 龙游县概况

龙游县地处浙江省中西部，县域总面积1143平方公里，辖6镇7乡2街道，人口有40.4万。人文地理特色显著。

古城新县。境内有距今九千多年的青碓、荷花山新石器遗址，比河姆渡文化早两千年。春秋时期是姑蔑国都，2230多年前始设县，是浙江省历史上最早建县的13个县之一。1959年被撤销县制，1983年恢复。近年来，先后获得国家级生态示范区、国家园林城市、全国畜牧业绿色发展示范县、全国平安建设先进县、省文明城市、省卫生城市、省生态县、浙江新魅力城市、省美丽乡村先进县等百余项省级以上荣誉，跻身全国中小城市投资潜力百强县市第12位。

人文之邦。龙游英才辈出，《文心雕龙》的作者刘勰、"初唐四杰"之一的杨炯等先后在龙游为官，涌现出南齐学者徐伯珍、南宋名相余端礼等历史文化名人，历史上曾出现157个进士，近代还涌现了余绍宋、华岗等志士仁人，现有龙游籍院士4人。龙游自古经商氛围浓厚，明清时期的龙游商帮是全国十大商帮之一，也是唯一以县域命名的商帮，被专家学者定性为"浙商之源"。

交通枢纽。龙游交通便利，浙赣线和杭长客专两条铁路过境，杭衢高铁、衢宁铁路在建，杭新景、杭金衢、龙丽三条高速公路交汇，320国道、315省道、222省道与外相连，351国道全线开工，衢江500吨级内河航道通航，距衢州、义乌、萧山机场均在30分钟至1.5小时交通圈内，是浙江东、中部地区连接江西、安徽、福建三省的重要枢纽。龙游同时被纳入长三角城市群、海西经济区、浙中城市群、金衢丽产业带等经济圈。

旅游胜地。龙游民间有"东游西游不如龙游"的说法。龙游石窟开凿于两千多年前，被誉为"千古之谜"和

"世界第九大奇迹"。龙游民居苑集聚 40 多幢古民居，是龙游商帮故居。此外，还有浙西大竹海、六春湖、石佛三门源、饭甑山火山颈等风景名胜。总投资 80 多亿元的红木小镇入选省级优秀小镇、十大示范小镇，一期已于 2018 年开园运营，将成为龙游旅游的新龙头、新品牌。

特色资源丰富。龙游资源充沛，拥有 160 多平方公里低丘缓坡，人均水资源占有量为 2800 立方米，地表水水质达到国家 I 类标准。龙游发糕、小辣椒等特产丰富。龙南竹林面积近 40 万亩，毛竹立竹量 7000 万株，排名全国第六浙江第三，是中国竹子之乡。龙北有"千亩富硒十里荷花"。近年还发现黄龙玉资源，跻身中国观赏石之乡。2017 年实现生产总值 233.4 亿元，增长 7.5%；财政总收入、一般公共预算收入分别增长 9.9% 和 9.7%；规模以上工业产值增长 4.8%；固定资产投资增长 13.2%；社会消费品零售总额增长 11.7%；外贸进出口总额增长 24.5%；城、乡居民人均可支配收入分别增长 9% 和 10.1%。

第三节　罗家乡概貌

姜家村所在的罗家乡位于浙江省衢州市龙游县城的东南部，距县城 14 公里，区域面积 59.63 平方公里，其中山地面积 49.2 平方公里，现有耕地 5689 亩，山林 71049 亩，其中竹林 4 万亩，生态公益林 1.3 万亩。[①]罗家乡辖罗家村、席家村、余村金村、缪家村、廖家村、上峰村、荷村村、茭塘金村、陆村村、岭根村、大坑头村、马府墩村、姜家村等 13 个行政村委会，82 个自然村，124 个村民组，总户数 3354 户，总人口 9778 人。罗家乡共有 12 个支部 383 个党员，农村党员 335 名，60 岁以上党员占 29.5%。姜家村便坐落于罗家乡的最西南端。

罗家乡地体主要受华夏式构造控制，整个地形以中山为主，山地海拔高度都在 600 米以上，山地坡度在 40 度以上，山脉走向以南北为主，形成东南、西南向北倾斜的三条峰谷地势，属仙霞岭南麓余脉，山峰林立，山势高峻，位于岭根村的最高峰东钵山尖海拔达 1100 多米，是罗家溪的东南部源头。土地主要以红土壤为主，植被以人工植被居多，有马尾松、毛竹、油茶、杉木、柑橘等。

罗家溪东南支流发源于岭根村东钵山脚，西南支流发源于姜家村，于罗家村汇合。经余村金村、缪家村、席家村流入东华街道办事处范围，溪流总长 23.5 公里，源短流急、河床落差大，属雨源型山溪河流，洪枯水位变化明显。乡域内建有机埠 11 处，装机容量 46 千瓦，小一二型水库 1 座，总库容 104 万立方米，耕地总面积 6690 亩，山地面积 73760 亩，其中林地 73000 亩，占山地面积的 96.3%，有各类园地 2622 亩。罗家乡地处亚热带季风气候，具有明显的山地特征，四季分明，雨量充沛，光照充

① 数据由龙游县县志办提供，2018 年 9 月。

足。气候的基本特点是春寒多雨，夏末秋初早晚凉爽，冬天晴雨相间少雪，境内年平均气温介于14.8℃~15.8℃，最冷月（1月）平均气温3.7℃，最热月（7月中旬至8月上旬）平均气温26.5℃，平均年降雨量2300毫米，年平均日照220天，无霜期241天左右。

全乡以农业为主，工业起步较晚，2004年实现工农业总产值9719万元，农民人均年收入4821元，经济作物以茶叶、竹笋、西瓜、食用菌为主，高产、优质、高效、绿色为特征的效益农业已粗具规模，2004年被评为衢州生态示范乡镇，农业产业化经营格局已初步形成，特色农产品基地发展较快。有1200亩绿色有机茶叶基地，1200亩花卉、苗木基地，1500亩西瓜基地，500亩无公害食用小竹基地，等等。

近年来，罗家乡基础设施建设和社会事业发展较快。各行政村现已全面完成了电网改造，基础教育进一步加强，全面普及九年制义务教育，乡小学、初中学龄入学率达100%，连续多年被评为教育强乡。广播电视覆盖率名列全县乡镇前列。卫生事业持续发展，现有8个农村卫生医疗站，6526人参加农村新型合作医疗保险，参保率达89.6%。各行政村到2007年下半年可实现村村通水泥路，乡政府所在的中心村，基础设施完善、功能齐全，成为乡农产品的主要集散地。罗家乡旅游资源丰富，以仰天湾（圣堂山）栲树自然保护区为主线，辅以农家田园自然风光，将人文景观和自然景观有机结合，重点建设和打造圣堂山革命基地、红塘坑水库、十八曲、宝剑石、三枣坪、万垅尖等景点，发挥旅游资源优势，发展康养休闲旅游业。

第四节　姜家村概貌

姜家村位于龙南山区，是浙江西南山区衢州市龙游县下辖的罗家乡最西南端的一个美丽山村。姜家村1982年名为集裕村，该名称是源于改革开放初期，期望集体经济富裕因而取此名。姜家村以名山圣堂山出名，圣堂山又名圣灯山。"鸟道盘旋，名十八曲，登其巅，远景决胜"，山顶也称"望龙山尖"（万炉山尖），远望四周，丘陵溪涧，村舍田头，尽收眼底。山上有天池、石幢、圣灯，清静幽雅，确实是个修道的好地方。相传唐代中和年间，有一位三平和尚云游到此，看重此宝地，四处化缘，并结庐建寺。三平道行好，武艺高强，且精谙医术。日常念经礼佛之余，于僧徒习武勤耕，有时外出为群众治病。"古寺深藏半岭松，天风时送一声钟"的圣山寺昔日香火鼎盛，声名远扬。文人墨客、善男信女络绎不绝。"龙游小南海，仙居圣堂山"的大雄宝殿，旧称大觉禅庵，宋吕防〔熙宁六年（1073年）登进士，官饶州刺史兼骠骑尉，赐大中大夫〕修建。[1]

姜家村全村呈蛇形，约4.5公里长，沿着姜家溪两旁是零星的水田和茂密的竹海，间隔点缀着片片茶园和苗木果林，如图1-1所示。

姜家村山林面积为8933亩，其中竹林面积为3900余

---

[1]　该文字记录由衢州市企业联合会、龙商协会副秘书长付海波提供。

图1-1 姜家村的绿色资源：竹海、水稻、茶园、花木、果林

亩，耕地面积 827 亩，茶园面积 600 多亩。总体上看，姜家村是一个民风淳朴、风景秀丽但经济发展相对滞后的浙西南山村，全村干部群众对大自然的山山水水、一草一木等倍加爱惜，一直以来村民就是资源环境的守护者。村民之间关系和谐，邻里和睦，相互帮助，团结和美。

一 经济发展相对滞后

姜家村全村共有 14 个自然村，12 个村民小组，349 户，在册人口 1193 人。其中低收入农户 268 户，低收入农户占总农户数的 76.8%。村集体收入主要有毛竹承包山、茶叶山，村集体年收入仅 0.9 万元，村民收入主要靠卖毛竹、茶叶和外出打工。如图 1-2 所示，姜家村农业企业数、加工

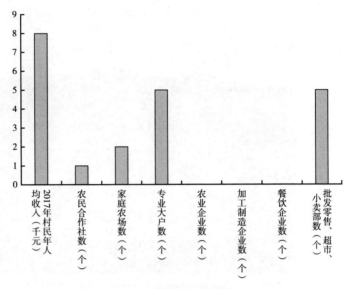

图1-2 姜家村企业经营情况

制造企业数以及餐饮企业数均为零；2017年，村民年人均收入仅8000元，而浙江农村村民人均收入均值为21000元，姜家村仅为浙江省农村村民年均收入平均水平的38.1%。近年来在上级党委、政府和有关部门的大力支持下，村级经济社会有了较大的发展和变化，村民收入也有了提高。

二 姜家村企业经营情况

姜家村的绿色产业具有强劲的资源禀赋。村里一贯以典型的青山、绿水、茶香吸引着越来越多的游客来村里观光、品茶、采摘、挖笋、蹚水等，也吸引着那些从大山里走出去的游子在假期回乡度假。每年春天，春雷阵阵，春雨过后，山脚下尽是黄绿媚眼的茶园，山上则是争先恐后冒出土层的春笋，交相辉映（见图1-3）。尤其是山笋的大

图1-3　竹林与茶园交相辉映

年①时期，春笋更是密密麻麻，"雨后春笋"就是源于此景。村民将长得过密的竹笋挖下山，焯水之后晒干制成笋干，就是不可多得的山珍美味了。5月，橘子花开，还没有进村，人们便已经在公路上如痴如醉于沁人心脾的橘子花香了，更别提10月橘子熟了的时候，满眼是黄澄澄的香气扑鼻的橘子，交相辉映的是，桂花也加入了这个行列（见图1-4）。于是，早上在鸟儿们的歌唱声中，伴随着窗口吹进来的不知谁家若有若无的桂花香，村民便开始了美好的一天。村民空闲时也会去收集桂花，晾干之后与其他材料一起制成各种美味的糕点，在各种节日及亲朋聚会上，就是一道备受欢迎的本地小吃。

① 大年是指丰收年，在当地，竹笋是隔年丰收，如果今年是低产年，则来年一定是丰收年。

图1-4 绿意浓浓的小山村

三 姜家村民风淳朴、珍惜大自然

姜家村淳朴的民风没有随着时代的变幻而消退，相反，村民在经历了"外面的世界"之后更加维护这种原始的淳朴民风。村民热爱自己的村庄，对村民来说，保护大自然及其生态环境如同保护自己的家园一样（如图1-5）。村民勤劳朴素，极少有喜欢炫富的，好吃懒做的都会被嘲笑，大家非常珍惜邻里之间的情谊，平时互相帮助，真正是"一方有难八方支援"。如果村民家里有病人，或有急事需要帮忙，周围的邻居会立刻丢下手头的农活儿赶过来支援，哪怕是平时互相之间有过争吵的也不例外，这就是姜家村的常态了，多年以来一直未变。村民对于知识的尊重也是非常显著的，每个家庭都极其重视对孩子的教育。对于

图1-5　秋日的村庄

上级政府的各项政策措施，村民都非常支持，无论是在经济紧张的年代还是发生灾害的年份，村民都是在有序的组织下井井有条地安排自己的各项工作。村民还非常积极地参与乡村建设，在党员的带动下，村民参加到清洁乡村的活动中，平时也注意随手清理自己经过的周围环境（如图1-6）。

　图1-6　村民参加义务清洁村庄活动

（a）　　　　　　　　　　　　（b）

图1-7　姜家村党员群众积极参加美丽乡村建设的义工活动

四　姜家村党群融洽

由于村干部和党员都是由村民自由选举，姜家村党群关系非常融洽，这为村委会组织各项活动、为乡村的发展提供了坚实的基础。在村干部和党员的组织带动下，村民具有较强的村集体意识、主人翁精神以及参与乡村建设的积极性。如图1-7，村民响应党组织的号召，积极参加各种乡镇和村组织的知识培训，和党员一起投身建设美丽乡村的义工活动等。

五　锐意进取的村"两委"团队

姜家村有着一支年轻的村"两委"队伍，村"两委"成员平均年龄不到50岁，由20世纪六七十年代出生的中青年干部组成。他们思想敏锐，积极进取，有着建设家乡的热情，推动姜家村的乡村治理朝着规范化、高效率的方向不断进步。如表1-1所示，姜家村48名党员中，高中及以上文化党员人数达18人，占37.5%。同时村委会和村支部之间不交叉任职，使得各项决策更加合理和民主。平时村"两委"干部以身作则，带头执行上级的各项政策规定，给村民起了模范带头作用。

表1-1　姜家村村级治理能力建设状况

全村中共党员数量（人）	48	村民代表人数（人）	52
a.50岁以上党员数（人）	25	其中属于村"两委"人数（人）	6
b.高中及以上文化党员数（人）	18	是否有村务监督委员会（1是，2否→F19）	1
是否有党员代表会议（1是，2否）	1	a.监督委员会人数（人）	3
a.党员代表人数（人）	14	b.属于村"两委"人数（人）	1
b.属于村"两委"人数（人）	5	c.属于村民代表人数（人）	3
党小组数量（个）	1	是否有民主理财小组（1是，2否）	2
村支部支委会人数（人）	3	a.民主理财小组人数（人）	—
村民委员会人数（人）	3	b.属于村"两委"人数（人）	—
村"两委"交叉任职人数（人）	0	c.属于村民代表人数（人）	—

在村委会的积极组织下，姜家村各种培训和文娱活动比较丰富。尽管该村没有开办专门的农民文化技术学校，但是村里常常根据本村发展的特点，应村民的实际需要，举办相应的农业技术讲座，如黄茶的扦插种植和炒茶技术，苗木和林果的栽培技术，等等。如表1-2所示，全村每年至少举办6次农业技术讲座，参加培训的村民达1200人次；此外还有职业技术培训，每年参加的村民人数达250人次。同时在村里还建有文化馆（含图书室），藏书1200册，大部分图书为实用的农业知识，给村民的农业技术和职业技术提高提供了必要的条件。

表 1-2　姜家村村民的培训与文娱生活

是否有农民文化技术学校（1 是，2 否）	2
村内举办农业技术讲座次数（次）	6
村民参加农业技术培训（人次）	1200
村民参加职业技术培训（人次）	250
文化馆（图书室）（个）	1
a.如有，活动场地面积（平方米）	40
b.藏书数量（册）	1200
c.月均使用人数（人次）	56
体育健身场所（个）	0
棋牌活动场所（个）	1
社团（老年协会、秧歌队等）个数（个）	无（注：有婺剧团）
村民最主要的宗教信仰	佛教
是否有教堂、寺庙等宗教活动场所	无
a.建设与维护费用主要来源（1 群众集资，2 收费，3 社会捐助，4 其他）	无
b.多久举行一次活动	村民去外乡参加活动
c.平均每次活动参加人数	村民去外乡参加活动

在文娱生活方面，村里设有棋牌活动室，还有民间的婺剧团，往往在节假日期间，村民会举行活动，在繁忙的农活中穿插欢快的音符。村民中最主要的宗教信仰是佛教，由于邻乡沐尘建有佛教寺庙，村民每逢佛教节日，就会结伴而行去寺庙朝拜，祈福来年平平安安、风调雨顺。

第二章

姜家村贫困户、非贫困户、脱贫户
基本情况分析

第一节　调查对象分类及样本特征分析

　　根据百村调查的案例选择要求，此次调查的对象为浙江省衢州市龙游县罗家乡姜家村，受访者共 60 户 132 人。其中建档立卡户 34 户 71 人，其中一般贫困户 21 户，低保户 8 户，贫困低保户 1 户，脱贫户 4 户；非建档立卡户共 26 户 61 人（见表 2-1）。在本章分类比较中，将一般贫困户、低保户和贫困低保户统称为贫困户，以便与非贫困户和脱贫户进行对比分析。

表 2-1 调查对象的住户类型分布

住户类型	建档立卡户				非建档立卡户
	一般贫困户	低保户	贫困低保户	脱贫户	非贫困户
户数（户）	21	8	1	4	26
人数（人）	37	19	4	11	61

资料来源：精准扶贫精准脱贫百村调研 - 姜家村农户问卷。

一 婚姻状况和性别分布

本次受访的 132 人中，已婚 84 人，占样本总数的 63.6%，未婚 24 人，占样本的 18.2%，丧偶者共计 18 人，占 13.6%，此外，离异和同居者各一人，另有 4 人未填写其婚姻情况。

受访者中男性共 62 人，女性共 66 人，此外还有 4 人未填写性别（见图 2-1）。

二 受教育状况

姜家村的受访对象的受教育水平普遍较低，其中小学文化程度的村民数量最多，共 61 人，占总数的 46.2%，其次分别为初中、文盲、高中、中专（职高技校）和大专及以上（见图 2-2）。

三 主要社会身份

本次调查样本中共包含普通村民 111 人，村民代表

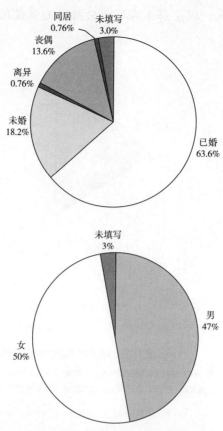

图 2-1　调查样本的婚姻状况和性别统计

资料来源：精准扶贫精准脱贫百村调研 – 姜家村农户问卷。

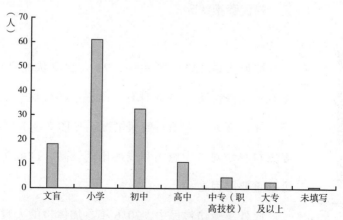

图 2-2　调查样本的受教育情况统计

资料来源：精准扶贫精准脱贫百村调研 – 姜家村农户问卷。

4人，村干部1人和社会身份为其他的村民16人（见图2-3）。

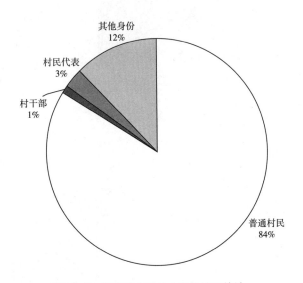

其他身份
12%

村民代表
3%

村干部
1%

普通村民
84%

图2-3 调查样本的社会身份情况统计

注：村干部的1%是由于四舍五入所致。

资料来源：精准扶贫精准脱贫百村调研－姜家村农户问卷。

三 村民健康状况

被调查的132位村民中，73人健康状况良好，35人患有长期慢性病，15人身有不同程度的残疾，7人患有大病，还有2人并未填写健康情况（见图2-4）。整体来看，姜家村受访对象中患病和残疾比例较高，这可能是导致贫穷的重要原因之一。

此外，受访村民中，2016年参加体检的人数为88人，未参加体检的人数为39人，剩余5人体检情况未知。

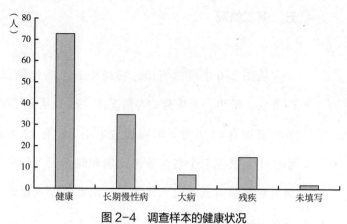

图 2-4　调查样本的健康状况

资料来源：精准扶贫精准脱贫百村调研 – 姜家村农户问卷。

四　劳动能力和自理能力

本次问卷对村民的劳动和自理能力进行了调查，结果显示，46.2% 的村民是普通全劳动力，4.5% 的村民为技能劳动力，7.6% 的村民部分丧失劳动力，29.5% 的村民无劳动能力但有自理能力，还有 6.1% 的村民无自理能力。由此来看，超过 40% 的村民部分或全部无劳动力，技能劳动力比例较低，可能也是贫困的主要原因之一（见图 2-5）。

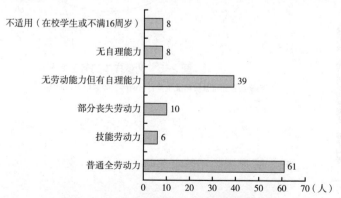

图 2-5　调查样本的劳动能力和自理能力状况

资料来源：精准扶贫精准脱贫百村调研 – 姜家村农户问卷。

五 务工情况

从图 2-6 中可以看出，村民中务工的比例仅占 44%，而务农、学生、无法劳动等情况占 49%。从务工时间来看，务工者中有 41 人务工时间超过半年，还有 22 人务工时间小于半年甚至三个月。务工比例和时间较少的家庭，一般而言如果没有其他收入来源，其家庭年收入也较低，从而导致贫困。

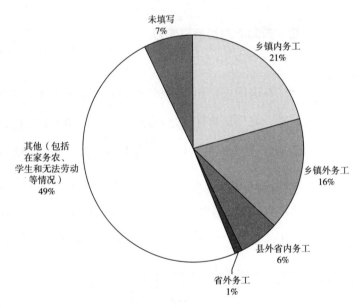

图 2-6　调查样本的务工情况

资料来源：精准扶贫精准脱贫百村调研 - 姜家村农户问卷。

六 医疗保险和养老保险

本次参与调查的样本中，除未填写的 1 人之外，所有人都参加了医疗保险，其中117人参加了新农合医保，也有部分村民参加了城镇居民医疗保险和职工医疗保险。

养老保险的覆盖率略低于医疗保险，仅有92人办理了城乡居民基本养老保险，5人办理了城镇职工基本养老保险，还有26人没有办理养老保险（见表2-2）。

表2-2　调查样本中医疗保险和养老保险覆盖情况

单位：人

医疗保险	人数	养老保险	人数
新农合	117	城乡居民基本养老保险	92
城镇居民医保	9	城镇职工基本养老保险	5
职工医保	5	未填写	9
未填写	1	均无	26
均无	0		

资料来源：精准扶贫精准脱贫百村调研－姜家村农户问卷。

第二节　贫困户、非贫困户与脱贫户之间的特征对比

一　性别和婚姻状况的差异

整体来看，贫困户中女性的比例大大高于男性，而非贫困户中男性的比例略高于女性，脱贫户中男性的比例高于女性（见图2-7）。

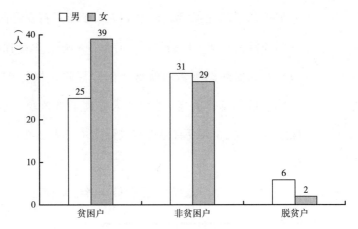

图 2-7　贫困户、非贫困户和脱贫户之间的性别差异

资料来源：精准扶贫精准脱贫百村调研 – 姜家村农户问卷。

如图 2-8 所示，未婚人群中非贫困户和脱贫户的占比相对较高，丧偶、离异和同居人群中贫困户的比例高于非贫困户。受调查者中丧偶者共 18 人，有 14 位女性和 4 位男性，其中 11 人属于贫困户，有 10 人为女性，由此推断，丧偶的中老年女性在失去丈夫和主要生活来源后，更容易陷入贫困。

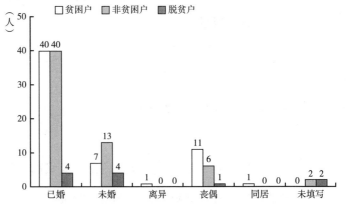

图 2-8　贫困户、非贫困户和脱贫户之间婚姻状况的差异

资料来源：精准扶贫精准脱贫百村调研 – 姜家村农户问卷。

二 受教育情况的差异

从图 2-9 中发现，受教育程度越高的群体，贫困的比例越低。中专及以上学历的受访对象中并不存在贫困户，高中及以上学历的受访对象中贫困户的比重相对较低，而小学学历的受访对象是贫困户总数最多的群体，受教育程度为文盲的 18 名受访对象中，有 15 人为贫困户。

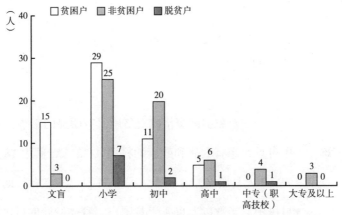

图 2-9　贫困户、非贫困户和脱贫户之间受教育情况的差异

资料来源：精准扶贫精准脱贫百村调研 – 姜家村农户问卷。

三 主要社会身份的差异

从被调查对象的主要社会身份来看，普通村民中属于贫困户的共 56 人，略多于非贫困户 47 人，并有 8 人脱贫。村民代表 4 人，均为非贫困户；村干部 1 人，为贫困户。

主要社会身份为其他的 13 人中，非贫困户人数最多，共
10 人（见表 2-3）。

表 2-3　贫困户、非贫困户和脱贫户之间的主要社会身份差异

单位：人

主要社会身份	贫困户	非贫困户	脱贫户
村干部	1	0	0
村民代表	0	4	0
普通村民	56	47	8
其他	1	10	2
未填写	2	0	1

资料来源：精准扶贫精准脱贫百村调研 - 姜家村农户问卷。

四　健康状况

受访对象的健康情况对贫困具有明显的影响。从图 2-10
中可见，患有大病和残疾的村民共 22 人，其中 18 人是贫困
户，3 人是脱贫户，仅 1 人是非贫困户。患有长期慢性病的
村民中，半数以上也属于贫困户。身体健康的村民则大多为
非贫困户，而且脱贫的概率更高（见图 2-10）。此外，调查
发现，当年是否参加体检，与受访对象是否为贫困户并无明
显关系。

五　劳动和自理能力

受访对象的劳动和自理能力对贫困同样具有明显的影
响。由表 2-4 可见，普通全劳动力中非贫困户的比例最高，

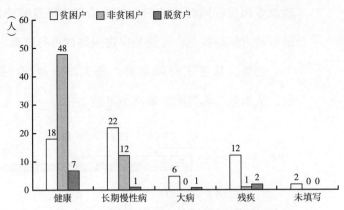

图 2-10　贫困户、非贫困户和脱贫户的健康状况

资料来源：精准扶贫精准脱贫百村调研 - 姜家村农户问卷。

无劳动能力但有自理能力的受访对象中贫困户的比例最高，而无自理能力的受访对象均为贫困户。脱贫户中，同样也是普通全劳动力的人数最多。

表 2-4　贫困户、非贫困户和脱贫户的劳动和自理能力

单位：人

劳动和自理能力	贫困户	非贫困户	脱贫户
普通全劳动力	13	41	7
技能劳动力	1	5	0
部分丧失劳动力	7	3	0
无劳动能力但有自理能力	28	8	3
无自理能力	8	0	0
不适用（在校学生或不满 16 周岁）	3	4	1

资料来源：精准扶贫精准脱贫百村调研 - 姜家村农户问卷。

六　务工情况

从务工情况来看，乡镇内务工的贫困率最低（见图 2-11）。可见，大力发展当地经济，推动就地城镇化，创

造就业岗位；同时通过职业技术培训，提高劳动技能，鼓励劳动力就地就业，可能是促进脱贫的可行政策之一。

此外，从务工时间来看，务工时间越长，贫困率越低，从未务工者贫困率最高（见图2-12）。

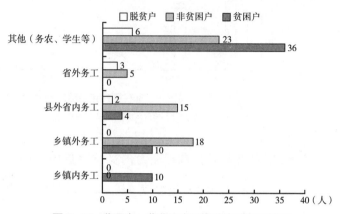

图2-11 贫困户、非贫困户和脱贫户的务工情况

资料来源：精准扶贫精准脱贫百村调研－姜家村农户问卷。

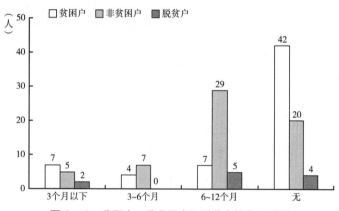

图2-12 贫困户、非贫困户和脱贫户的务工时间

资料来源：精准扶贫精准脱贫百村调研－姜家村农户问卷。

七 养老保险和医疗保险

从调查结果来看，参加不同种类保险的受访者之间确实存在贫困差异，其中参加城镇居民医保、职工医保和职工养老保险的受访者中贫困户的比例最低，参加新农合和城乡居民基本养老保险的受访者最多，贫困户的比例也更高，而在未购买养老保险的受访对象中，非贫困户的比例反而较高，这可能是因为部分受访者年龄较小，正处于青年或少年时期（见图2-13）。

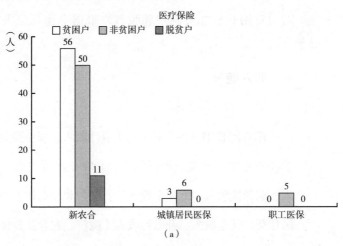

（a）

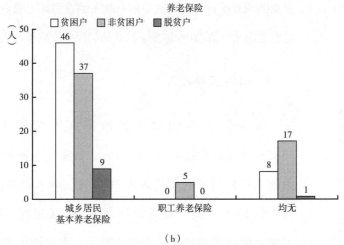

（b）

图2-13　贫困户、非贫困户和脱贫户的养老和医疗保险

注（a）：有1位未填写，因此图中涉及的人数为131，（b）：有9位被访者由于不清楚自身情况而未填写。

资料来源：精准扶贫精准脱贫百村调研 – 姜家村农户问卷。

第三节　贫困户、非贫困户和脱贫户的家庭收入、生活消费和幸福感差异

对于家庭纯收入、生活消费支出、存款、家庭幸福感和满意度，我们的调查以户为单位，进行问卷调查，同时对贫困户、非贫困户和脱贫户根据上述几项进行比较。

一　收入情况

调查问卷中对各户居民的工资性收入、农业经营收入、农业经营支出、非农业经营收入、非农业经营支出、财产性收入、赡养性收入、低保金收入、养老金和离退休金收入、报销医疗费、礼金收入、补贴性收入（救济、农业及其他）进行了全面的调查统计，并以其中所有收入的总和减去农业和非农业经营支出来计算2016年姜家村受访居民的家庭纯收入。

（一）家庭纯收入

参与调查的60户居民的家庭年纯收入均值为33857.63元，中位数为26380元，贫富差距较为悬殊，其中收入最低的家庭年收入为2040元，收入最高的家庭年收入为134000元。从图2-14可看出，姜家村受访居民的家庭年度收入主要在1万至5万元，占比约为53.3%，此外，有20%的家庭年收入小于1万元，其中10%的家庭年收入不足5000元。

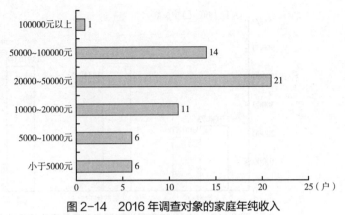

图 2-14　2016 年调查对象的家庭年纯收入

注：有 1 户极低值不愿意透露，未纳入统计。

资料来源：精准扶贫精准脱贫百村调研 – 姜家村农户问卷。

（二）不同类型家庭的年纯收入

本次参与调查的 60 户居民中分别有 30 户贫困户（包括一般贫困户、低保户和贫困低保户）、26 户非贫困户、4 户脱贫户，贫困户的家庭年纯收入水平远低于非贫困户和脱贫户，后两者则没有明显差异。其中贫困户 2016 年家庭纯收入平均为 2.3 万元，是非贫困户（4.5 万元）和脱贫户（4.4 万元）的一半左右。从中位数水平来看，贫困户 2016 年家庭纯收入的中位数为 1.9 万元，略低于均值，也是非贫困户家庭纯收入中位数的一半左右（见图 2-15）。

（三）不同收入类型

从表 2-5 中可以看出，非农业经营收入是 19 户受访家庭的最主要收入来源（占总收入的 50% 及以上），此外，15% 的受访家庭中赡养性收入为最主要收入来源，11.7% 的家庭以工资收入为主。值得注意的是，报销医疗费和补

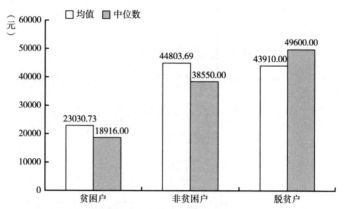

图 2-15　2016 年不同类型调查对象的家庭年纯收入

资料来源：精准扶贫精准脱贫百村调研 - 姜家村农户问卷。

贴性收入超过家庭总收入 50% 的家庭分别占 10% 和 3.3%。

在构成调查对象纯收入的不同来源中，农业经营收入是最为广泛的收入类型，80% 的受访家庭存在农业经营收入，但是这项收入的回报相对较低。此外，根据农业经营收入减农业经营支出计算出的农业经营净收入数据显示，13 户家庭的农业经营净收入小于等于 1000 元，其中 2 户家庭农业经营净收入为负。2016 年，该项收入高于 8000 元的家庭仅有 4 户，从事农业经营的家庭中所得净收入的中位数仅为 2500 元。

非农业经营收入的回报远高于农业经营，均值最高，但是各户的差异较大，主要是其中一户人家 2016 年产生了 130 万元的非农业经营收入和 100 万元的非农业经营支出，使均值出现较大偏差。存在非农业经营收入的家庭数量为 30 户，其中位数为 20000 元，存在非农业经营支出的家庭数量仅 6 户，其中位数为 11940 元。

工资性收入均值仅次于非农业经营收入，但是中位数高达 38000 元，远高于非农业经营收入，说明对于大多数外出打工的家庭来说，这项收入更高而且更加稳定，但是仅有 12 户家庭存在工资性收入，占调查样本的 20%。

调查结果显示，尽管存在赡养性收入和养老金、离退休金收入的家庭数量差不多，但是赡养性收入远高于养老金、离退休金收入，后者的年度均值仅 2214 元，远不够正常老年人的年度消费。

表 2-5 调查对象的不同类型收入

各种收入类型	均值（元）	存在该项收入（户）	非零均值（元）	非零中位数（元）	最主要收入来源（超过 50%，户）
农业经营收入	3973	48	4966	3000	2
农业经营支出	6507	41	9523	600	
非农业经营收入	33883	30	67766	20000	19
非农业经营支出	17489	6	174896	11940	
工资性收入	9893	12	49467	38000	7
赡养性收入	3296	26	7607	5500	9
报销医疗费	3281	22	8949	3900	6
养老金、离退休金收入	812	22	2214	1720	3
补贴性收入（救济、农业及其他）	807	16	3029	1980	2
低保金收入	543	9	3626	1800	—
礼金收入	420	8	3150	2000	—
财产性收入	0	0	0	0	

注：非零均值和非零中位数指该项收入中非零数据的均值和中位数，计算时未包含不存在该收入的家庭。

资料来源：精准扶贫精准脱贫百村调研 - 姜家村农户问卷。

二 生活消费情况

调查问卷中对各户居民的食品支出、报销后医疗总支出、教育总支出、养老保险费、合作医疗保险费和礼金支出进行了调查和统计，并加总计算 2016 年姜家村受访居民的家庭年度生活消费支出。

（一）家庭生活消费总支出

参与调查的 60 户居民的家庭年度生活消费支出的均值为 19250.8 元，中位数为 14330 元，其中消费最低的家庭年度生活消费支出为 2550 元，而最高的家庭达到 106800 元。从图 2-16 可以看出，姜家村受访居民的家庭生活消费支出主要在 1 万至 2 万元，占比为 40%。

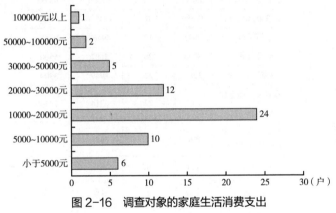

图 2-16 调查对象的家庭生活消费支出

资料来源：精准扶贫精准脱贫百村调研 - 姜家村农户问卷。

（二）不同类型家庭的生活消费支出

2016 年，姜家村受访的贫困户家庭年均生活消费支出为 20171.67 元，高于非贫困户（18427.69 元）和脱贫户（17800 元），贫困户生活消费支出的中位数水平也高于非贫困户（见图 2-17）。

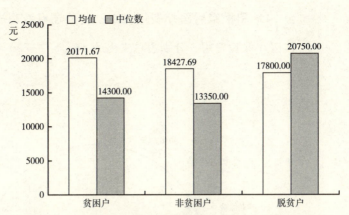

图 2-17 不同类型调查对象的家庭生活消费支出均值和中位数

资料来源：精准扶贫精准脱贫百村调研－姜家村农户问卷。

　　造成这种情况的主要原因是生活消费支出的结构不同，从图 2-18 中可以发现，贫困户家庭的生活消费支出以医疗费用为主，其次是食品和礼金支出，而对于教育、养老保险和合作医疗保险支出则非常少，长此以往，医疗费用无法被合作医疗保险覆盖，养老保险无法在年老后提供充足的生活费用，低水平的教育难以培养技能劳动力从而提高家庭收入，贫困者将越发贫困。具体而言，贫困户报销后医疗支出占总生活消费支出的 56%，其次分别是食品支出和礼金支出，分别占总支出的 23% 和 17%，合作医疗保险费用、养老保险费用和教育支出仅占 2%、1% 和 1%。

　　非贫困户家庭的主要支出则是食品和礼金，分别占总支出的 41% 和 30%。其次是养老保险费用 11%、报销后医疗费用 9%、教育支出 6%、合作医疗保险 3%。参与调查的脱贫家庭仅有 4 户，其主要支出分别是食品 46%、礼金24%和报销后医疗费用22%，此外还有教育支出和合作医疗保险费用，分别占总支出的4%。

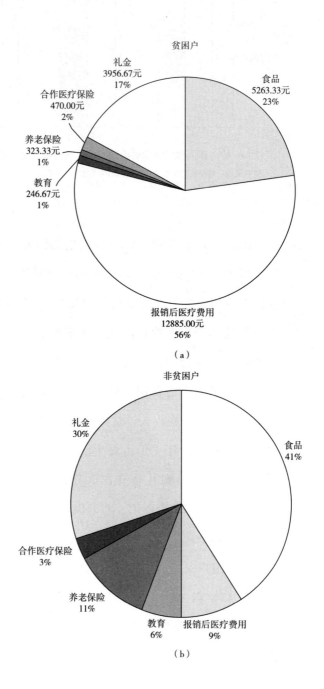

（a）

（b）

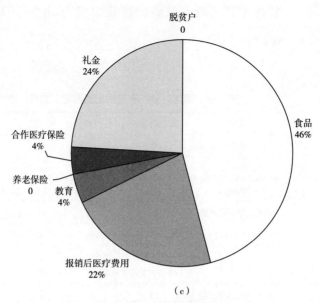

图 2-18　不同类型调查对象的家庭生活消费支出结构

资料来源：精准扶贫精准脱贫百村调研 – 姜家村农户问卷。

三　家庭耐用消费品、农机、农业设施拥有数量

本调查对各户居民正在使用的家庭耐用消费品、农机和农业设施数量进行了统计，结果如表 2-6 所示。各户居民拥有的家电类产品数量最多，农业器械最少。

家电类产品中，彩色电视机和电冰箱或冰柜是最为普及的耐用消费品，在调查样本中的覆盖率高达 95% 和 73.3%，其中彩色电视机户均拥有 1.22 台。此外，空调和洗衣机的覆盖率相对较低，不足半数的家庭拥有这两样电器，户均分别拥有 0.34 台和 0.49 台。

手机覆盖率相对较高，调查样本中 73.3% 的家庭拥有一台以上的手机，48.3% 的家庭拥有一台以上可联网的

智能手机。但是电脑的覆盖率仅为 16.7%，户均仅拥有 0.17 台。

表 2-6　调查对象的家庭耐用消费品、农机、农业设施

家电	彩色电视机	空调	洗衣机	电冰箱或冰柜
拥有该物品的户数	57	17	28	44
户均（台）	1.22	0.34	0.49	0.90
手机电脑	电脑	固定电话	手机	联网的智能手机
拥有该物品的户数	10	4	44	29
户均（台）	0.17	0.07	1.21	0.93
交通工具	摩托车／电动自行车（三轮车）	轿车／面包车	卡车／中巴车／大客车	拖拉机
拥有该物品的户数	25	8	1	3
户均（辆）	0.56	0.18	0.02	0.05
农业器械	耕作机械	播种机	收割机	其他农业机械设施
拥有该物品的户数	0	0	0	1
户均（辆）	0	0	0	0.02

资料来源：精准扶贫精准脱贫百村调研 – 姜家村农户问卷。

交通工具中，摩托车／电动自行车（三轮车）的覆盖率最高，为 41.7%，其次是轿车／面包车，覆盖率为 13.3%，户均拥有 0.18 辆。

调查样本中几乎没有家庭拥有农业器械，仅 1 户拥有其他农业机械设施。

贫困户家庭拥有彩色电视机、电冰箱或冰柜的数量与非贫困户家庭差异不大，但是，拥有空调、洗衣机、智能手机、摩托车／电动自行车（三轮车）的数量不足非贫困户家庭的 1/2，至于轿车／面包车，贫困户仅户均拥有不足 0.04 辆，非贫困户则户均拥有 0.36 辆，二者相差近 9 倍。

四 污染情况

姜家村受访村民对当地环境情况基本满意，没有调查对象认为当地存在水污染、空气污染、噪声污染和垃圾污染，但是 58.3% 的受访户认为姜家村存在土壤污染（见表2-7）。

表2-7　调查对象对各污染类型的评价

单位：户

污染类型	水污染	空气污染	噪声污染	土壤污染	垃圾污染
是	0	0	0	35	0
否	58	57	57	22	47
未填写	2	3	3	3	13

资料来源：精准扶贫精准脱贫百村调研－姜家村农户问卷。

五 对居住环境的满意程度

整体来看，受访村民对当地居住环境的满意程度较高，仅 6.7% 的受访户对居住环境感到不满意。

但是村民对家庭收入的满意程度很低，其中 46.7% 的受访户对家庭收入水平感到很不满意或者不太满意，仅有 13.3% 的家庭满意当前收入水平。

村民对生活现状的满意程度高于家庭收入水平，但仍有 21.7% 的家庭并不满意于当前的生活现状，而村民幸福感水平相对高于其满意度，仅有 13.3% 的家庭感到不幸福（见表2-8）。

表2-8 调查对象的满意程度和幸福感

满意程度	生活现状	家庭收入	居住环境	幸福感程度	幸福感
非常满意	1	1	18	非常幸福	4
比较满意	16	7	17	比较幸福	14
一般	29	22	20	一般	33
不太满意	8	14	3	不太幸福	6
很不满意	5	14	1	很不幸福	2

注：其中对家庭收入的满意度，有一人未填写；生活现状、居住环境以及幸福感程度也分别有一人未填写，比例按分母60人计算。

资料来源：精准扶贫精准脱贫百村调研 - 姜家村农户问卷。

　　我们根据被调查对象对当前生活的满意程度和幸福感评分的结果计算其均值，结果如图2-19所示，贫困户对家庭收入的不满意程度最高。对于生活现状的满意程度和幸福感进行评分的结果显示，脱贫户的不满意程度反而最高，其次是贫困户和非贫困户。三种类型的家庭均对居住环境满意度最高，其中非贫困户 > 脱贫户 > 贫困户。

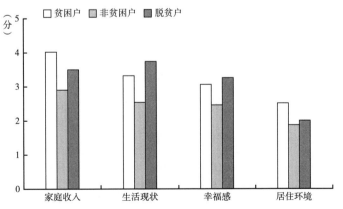

图2-19 不同类型调查对象的不满意程度均值

注：得分从1~5，打分越高，满意程度和幸福感越低，1分最高，5分最低。

资料来源：精准扶贫精准脱贫百村调研 - 姜家村农户问卷。

55%的受访家庭认为当前生活水平比5年前要好，其中11.7%认为当前生活水平比5年前好很多。仅有15%的受访家庭认为当前生活水平不如5年前，其中除1户外均为贫困户家庭。整体来看，46.7%的受访家庭认为5年后的生活水平会比现在更好，28.3%的受访家庭认为5年后的生活水平会更差或者不好说，其中贫困户中33%的家庭认为5年后的生活会更好，44.3%的家庭认为5年后的生活会更差或者不好说。

一个比较有意思的现象是，认为自己的生活比本村多数人更差的户是认为自己生活比多数人更好的户的2倍以上，这一比例在与亲友的比较中更高一些，约达到3倍之多。这主要是因为贫困户中66.7%的家庭认为自己比亲友过得更差，贫困户家庭更容易产生自卑心理（见表2-9）。

表2-9 调查对象对其生活的比较与预测

程度	与5年前相比	与5年后相比	与亲友比	与本村多数户比
好很多	7	3	3	3
好一些	26	25	8	8
差不多	16	14	18	20
差一些	6	2	19	17
差很多	3	0	11	10
不好说	0	15	0	0

资料来源：精准扶贫精准脱贫百村调研－姜家村农户问卷。

第四节　房产和居住情况

本节主要包括对姜家村村民房产数量、类型、状况、面积、建造时间、满意度以及村民居住设施配套和生活方式的调查报告。

一　房产情况

受访对象中，75%的家庭拥有一套及以上的自有住房，仅有3.3%的家庭无自有住房，以及20%的家庭共用住房。而且贫困户中借住或者共用住房的比例远高于非贫困户，住房面积也小于非贫困户。从建造价格来看，非贫困户略高于贫困户，脱贫户房屋建造价格最高，不过这与房屋建造时间有关，脱贫户建造房屋的时间多在2008年之后，因此房屋造价更高（见表2-10）。

表2-10　调查对象的住房情况

单位：户

住房状况		贫困户	非贫困户	脱贫户	合计
住房数量	无（借住）	2	0	0	2
	1套-共用	9	2	1	12
	1套-自有	20	20	3	43
	2套	0	3	0	3
住房面积	小于50平方米	5	3	0	8
	50~100平方米	11	5	0	16
	100~150平方米	10	13	3	26
	大于150平方米	2	5	1	8

住房状况		贫困户	非贫困户	脱贫户	合计
建造时间	2008 年之后	9	9	3	21
	1990~2007 年	6	9	1	16
	1990 年之前	13	8	0	21
平均价格（万元）		7.8	11.0	17.3	9.8

注：参与调查的共 60 户人家，其中 2 户无住房，3 户分别有两套住房，因而总计
被访农户的住房为 61 套。由于表中单位为户，项目合并后为 60。

资料来源：精准扶贫精准脱贫百村调研 – 姜家村农户问卷。

从住房类型来看，40% 的村民所居住的住房为平房，
其余 60% 居民住在楼房。其中非贫困户和脱贫户大多居
住在楼房，而贫困户中半数以上居住在平房之中（见图
2-20）。

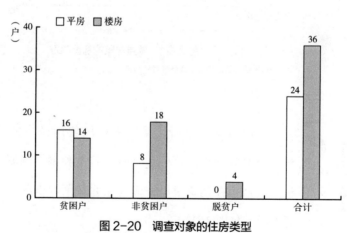

图 2-20　调查对象的住房类型

资料来源：精准扶贫精准脱贫百村调研 – 姜家村农户问卷。

调查对象的房屋状况与其是否为贫困户则并无明显关
系，66.7% 的受访家庭认为其房屋状况属于一般或良好，

31.7% 的受访家庭认为自己的住房虽未被政府认定但仍属于危房，仅有 1 户贫困户的房子属于政府认定的危房（见图 2-21）。

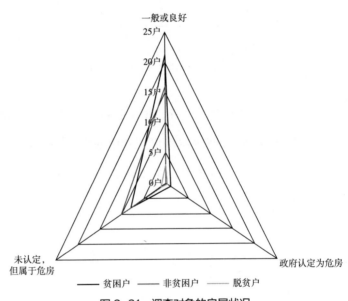

图 2-21　调查对象的房屋状况

资料来源：精准扶贫精准脱贫百村调研 - 姜家村农户问卷。

从建筑材料来看，姜家村村民使用最多的是砖混材料，其次分别是竹草土坯、砖瓦砖木和钢筋混凝土，成本相对较低。在建筑材料方面，家庭贫困程度并没有造成显著差异（见图 2-22）。

姜家村受访对象对家庭住房的满意度为非常满意或比较满意的比例为 48.3%，另外约有 23.3% 的居民对自家住房表示并不满意。非贫困户中大多对家庭住房的满意程度较高，贫困户中有 10 户认为家庭住房条件

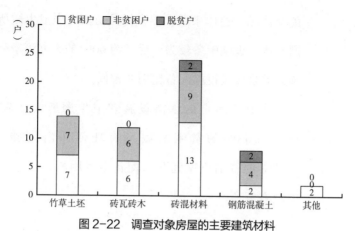

图 2-22　调查对象房屋的主要建筑材料

资料来源：精准扶贫精准脱贫百村调研 – 姜家村农户问卷。

一般，18.3% 的贫困户对住房条件不太满意或很不满意（见表 2-11）。

表 2-11　调查对象的住房满意度情况

单位：户

住房满意度	贫困户	非贫困户	脱贫户	合计
非常满意	1	5	0	6
比较满意	8	11	4	23
一般	10	7	0	17
不太满意	5	3	0	8
很不满意	6	0	0	6

资料来源：精准扶贫精准脱贫百村调研 – 姜家村农户问卷。

二　住房设施与生活习惯

（一）住房主要生活设施

表 2-12 详细归纳了姜家村受访家庭的住房主要设施

配套情况。整体来看，姜家村受访家庭中卫生厕所、互联网和沐浴设施配备较为广泛，约60%的家庭可享受相应设施，但是取暖设施配备比例非常低。

其中贫困户的沐浴设施和卫生厕所配备较为不完全，约63%的贫困家庭没有任何沐浴设施。此外，43.3%的贫困户家庭并未配备卫生厕所，其中有3户家中没有厕所。

表2-12　调查样本的住房主要生活设施

单位：户

住房主要生活设施		贫困户	非贫困户	脱贫户	合计
取暖设施	无	29	23	4	56
	炉子	0	1	0	1
	空调	1	2	0	3
沐浴设施	无	19	7	1	27
	电热水器	5	9	0	14
	太阳能	3	7	2	12
	电热水器和太阳能	3	3	1	7
互联网	无	7	13	0	20
	有	23	13	4	40
厕所类型	旱厕	9	8	0	17
	卫生厕所	17	18	4	39
	无厕所	3	0	0	3
	其他	1	0	0	1

资料来源：精准扶贫精准脱贫百村调研－姜家村农户问卷。

（二）供水情况

调查结果表明，姜家村受访居民大多不存在饮水困难问题，但多数居民的主要饮用水源为不受保护的井水和泉水，而且管道供水设施建设仅覆盖了 50% 的家庭，姜家村居民的饮用水质控制和管道入户工作仍需进一步推进，对贫困户的供水设施帮扶工作也应继续进行（见表 2-13）。

表 2-13　调查样本的住房供水情况

单位：户

供水设施		贫困户	非贫困户	脱贫户	合计
主要饮用水源	净化处理的自来水	1	1	0	2
	受保护的井水和泉水	0	4	0	4
	不受保护的井水和泉水	24	17	3	44
	江河湖泊水	2	3	1	6
	收集雨水	1	0	0	1
	其他水源	2	1	0	3
是否有管道供水	管道供水入户	12	19	2	30
	无管道设施	15	10	2	27
是否存在饮水困难	单次取水往返时间超过半小时	0	1	0	1
	间断或定时供水	1	3	0	4
	当年连续缺水时间超过 15 天	1	2	0	3
	无上述困难	28	20	4	52

资料来源：精准扶贫精准脱贫百村调研 - 姜家村农户问卷。

（三）道路

表 2-14 显示，受访家庭距离最近硬化公路的距离差异较大，非贫困户和脱贫户大多住在离道路较近的地区，贫困户多数住在距离硬化公路 50 米或者 100 米之外。此外，多数贫困户的入户路为泥土路或砂石路。如果能修缮贫困地区的道路，对当地经济发展将起到推动作用。

表 2-14　调查样本住房附近的道路情况

单位：户

房前道路状况		贫困户	非贫困户	脱贫户	合计
离最近硬化公路的距离	≤ 10 米	5	10	2	17
	10~30 米	4	2	0	6
	30~50 米	4	4	0	8
	50~100 米	5	4	1	10
	>100 米	12	6	1	19
入户路类型	泥土路	16	11	0	27
	砂石路	3	1	1	5
	水泥或柏油路	11	14	3	28

资料来源：精准扶贫精准脱贫百村调研 – 姜家村农户问卷。

（四）燃料和废弃物处理

不论是贫困户还是非贫困户的受访家庭，主要使用的燃料均为柴草，成本低廉，但是对环境污染较大。在废弃物处理方面，姜家村居民的垃圾处理方式比污水处理方式更加完善，几乎所有村民都将垃圾送到垃圾池或者定点堆放，但是部分以贫困户为主的村民在处理污水时随意排放或者倒入院外沟渠，由此可见，不论是供水还是排放管道建设都需进一步加强。

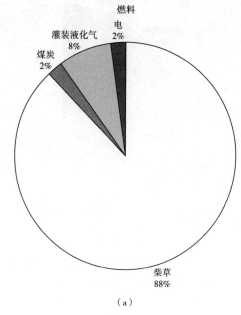

（a）

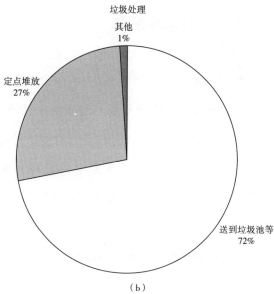

（b）

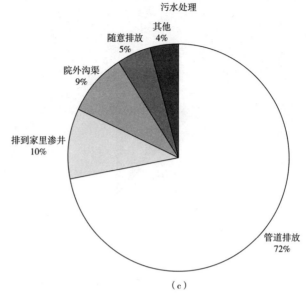

图 2-23　调查样本住房的燃料和废弃物处理情况

资料来源：精准扶贫精准脱贫百村调研 – 姜家村农户问卷。

第五节　健康与医疗

本部分从患者数量及其健康情况、治疗需求和费用、对生活的影响三个方面分析姜家村受访村民的健康与医疗情况。参与调查的 60 户家庭中共有 47 位患者，本节内容根据这 47 位患者的调查情况进行分析。

一　整体健康状况以及疾病类型

（一）家庭中患者人数

在参与调查的 60 户家庭中，有 23 户家中没有身体不健

康的家庭成员，27 户家中存在 1 名身体不健康的成员，10
户家中存在 2 名身体不健康的成员。从家庭贫困类型来看
（见图 2-24），65.4% 的非贫困家庭中不存在身体不健康的成
员，而 80% 的贫困家庭则存在至少 1 名不健康的成员。由此
可见，家中是否存在不健康的家庭成员对家庭的经济条件具
有重大的影响，生病或者残疾的家庭成员不能提供劳动力，
而且会带来高昂的医疗费用，使家庭更加贫困。

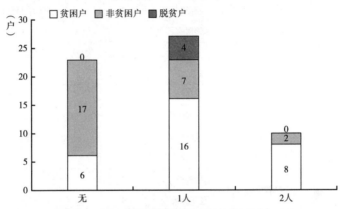

图 2-24 被调查家庭中身体不健康的人数分布

资料来源：精准扶贫精准脱贫百村调研 – 姜家村农户问卷。

（二）患有何种疾病或残疾

部分村民详细填写了自身所患疾病，调查结果显示
（见表 2-15），受访居民中所患最多的疾病种类是高血压，
60 户家庭共 132 人中有 8 人患有高血压，其次分别是内风
湿、肾病、气管炎、心脏病、中风或脑梗、癌症。此外，
还有 10 位残疾或者时常感到疼痛的村民，2 位精神不正常
的村民和 1 位老年痴呆者。

表 2-15　疾病或残疾的种类明细

单位：人

病名		例数	备注
疾病	高血压	8	—
	内风湿	5	—
	肾病	4	肾病、肾结石、肾萎缩、尿毒症
	气管炎	3	—
	心脏病	3	—
	中风或脑梗	3	2例中风、1例脑梗
	癌症	3	肺癌、子宫癌、胃癌
	痛风	2	—
	肝病	2	肝病、肝硬化
	糖尿病	1	—
	肺病	1	肺心病、肺气肿
	胆结石	1	—
	妇科肿瘤	1	—
疼痛或残疾	残疾或瘫痪	4	瘫痪、足残疾、腿残疾等
	疼痛或腰椎突出	3	半边疼、腰腿疼、腰椎突出
	耳聋	3	—
精神疾病	精神病	2	—
	老年痴呆	1	—

注：有的患者同时患有多种疾病，因此人数与疾病例数不一致。

资料来源：精准扶贫精准脱贫百村调研－姜家村农户问卷。

（三）患者所患疾病的严重程度

图 2-25 描述了不同家庭患者所患疾病严重程度的分布。整体来看，患者中病情严重者数量为 28 人，占总患者数的 59.6%。贫困户中患者数量远高于非贫困户和脱贫户，而且多数患者病情严重。而脱贫户中的 4 名患者，除了有 1 名病情严重以外，其他病情都较轻，因此更容易脱贫。

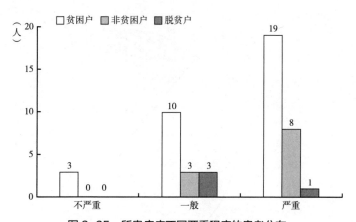

图 2-25　所患疾病不同严重程度的患者分布

资料来源：精准扶贫精准脱贫百村调研 - 姜家村农户问卷。

二　治疗情况

（一）需要治疗的患数

参与调查的患者共 47 人，其中 42 人 2016 年发病或者需要治疗，占总数的 89.4%。大部分患者仍需前往医院治疗或以其他方式就医（见图 2-26）。

（二）治疗方式

整体来看，大部分患者选择住院、自行买药和门诊治疗。其中有 2 名患者没有治疗，其中之一是身患残疾即使治疗也无法改善，因而放弃治疗，另一位则是患有高血压，但是因为家境贫困没有治疗。其中贫困户患者住院比例最高，这主要是因为病情严重，必须住院（见表 2-16）。

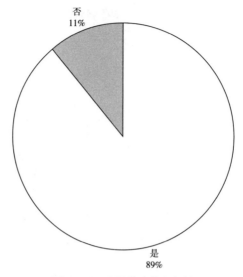

否
11%

是
89%

图 2-26　需要治疗的患者数

资料来源：精准扶贫精准脱贫百村调研－姜家村农户问卷。

表 2-16　选择不同治疗方式的患者数量

单位：人

治疗方式	患者数	贫困户患者数	非贫困户患者数	脱贫户患者数
没治疗	2	2	0	0
自行买药	16	7	6	3
门诊治疗	13	8	3	2
住院	22	17	3	2
急救	2	2	0	0
其他	1	1	0	0

注：有的居民同时患有多种疾病。

资料来源：精准扶贫精准脱贫百村调研－姜家村农户问卷。

（三）治疗费用

参与调查的 47 名患者的 2016 年平均治疗费用为
18819.2 元，其中平均自费部分为 10204.3 元，报销比
例约为 45.8%。其中贫困户患者的平均治疗费用和自费

部分都超过了整体水平，报销比例约为 44.6%，相差不大。非贫困户患者的平均治疗费用最低，但是报销比例也最低。而 4 名脱贫户患者的报销比例最高，最终平均自费的治疗费用仅为 3250 元，很大程度上减轻了家庭的医疗负担（见图 2-27）。

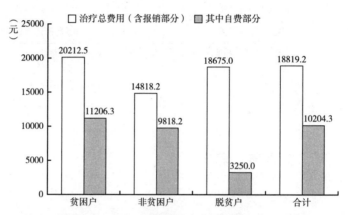

图 2-27　2016 年患者治疗总费用及其自费部分

资料来源：精准扶贫精准脱贫百村调研 - 姜家村农户问卷。

三　对生活的影响

对于大部分患者而言，疾病对其行走、洗漱穿衣和日常活动没有影响或者影响较小（约 70% 以上的患者），但是有十名患者因病无法正常进行日常活动和行走。

疾病对患者身体的影响要大于对患者精神的影响，在 47 名受访患者中，共有 20 人认为疾病严重影响了他们的身体，使他们感到疼痛和不适，但是仅有 13 人感到严重的焦虑和压抑（见表 2-17）。

表 2-17　疾病对患者生活自理能力和身心的影响

对生活自理能力的影响				对身体和精神的压力		
程度	行走	洗漱或穿衣等方面	日常活动（工作、学习、家务、休闲等活动）	程度	身体是否有疼痛或不适	是否感到焦虑或压抑
没问题	21	28	16	没有	3	7
有点问题	8	3	14	有一点	11	11
有些问题	6	7	3	有一些	12	15
有严重问题	7	5	8	挺严重	10	7
不能进行	5	3	5	非常严重	10	6

资料来源：精准扶贫精准脱贫百村调研－姜家村农户问卷。

第六节　养老

随着人口老龄化问题的日益严重，村民养老问题的重要性也在不断上升。尤其是贫困老人能否老有所依，是贫困地区面临的一大重要问题。

一　养老是否有保障

整体来看，受访的 60 户家庭中，有 26 户中的中老年人认为自己将来养老没有问题，有 9 户家庭则认为自己将来的养老存在问题，而有 25 户家庭认为目前难以说清养老是否存在问题。

其中贫困户对养老问题最为担忧，7 户贫困户认为自已将来会存在养老问题，占受访贫困户的 23.3%，远高于非贫困户和脱贫户（见图 2-28）。

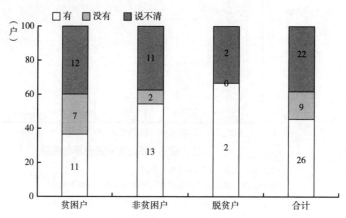

图 2-28　不同类型的被调查家庭对养老问题的看法

资料来源：精准扶贫精准脱贫百村调研－姜家村农户问卷。

二　养老来源

整体来看，姜家村村民的主要养老来源是子女养老，其次是养老金、个人积蓄、个人劳动和低保。有 6 户家庭认为未来养老的来源目前难以说清（见图 2-29）。

如表 2-18 所示，贫困户家庭主要依靠子女养老，未来贫困户子女的养老负担相对较大；其余养老方式如养老金、个人积蓄等占比不超过 10%，而且，说不清养老方式的 6 户中有 5 户为贫困户家庭，将来可能面临严重的养老问题。非贫困户和脱贫户家庭虽然也以子女养老方式占大多数，但是养老来源更加多元化，更依赖于养老金和个人积蓄。

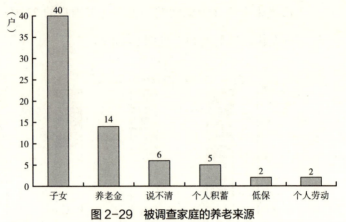

图 2-29　被调查家庭的养老来源

注：每个家庭可能有多个养老来源。

资料来源：精准扶贫精准脱贫百村调研–姜家村农户问卷。

表 2-18　不同类型被调查家庭的养老来源

单位：户

养老来源	子女	养老金	说不清	个人积蓄	低保	个人劳动
贫困户	22	3	5	0	2	0
非贫困户	15	9	1	5	0	2
脱贫户	3	2	0	0	0	0

注：每个家庭可能有多个养老来源。

资料来源：精准扶贫精准脱贫百村调研–姜家村农户问卷。

第七节　劳动力和土地

　　劳动收入是当地村民收入的主要来源，也是脱贫的关键所在，本次调查从 45 户存在完全劳动力的家庭中，分别选取 2 位主要劳动力，其中男性和女性各 1 位（如仅有 1 位劳动力，则只调查这 1 位），对共计 59 位劳动力进行调查，其中贫困户 21 人，非贫困户 34 人，脱贫户 4 人，分别对他们的劳动时间、收入类型、社会保险等信息进行调查。

此外，本次调查还对村民所拥有的土地类型和面积进行统计分析。

一 劳动力人数

整体来看，姜家村劳动力人口较为缺乏，这是导致贫困的主要原因之一。姜家村的 60 户受访家庭中，15 户家中并无完全劳动力人口，29 户家中有 1 名劳动力，12 户家中有 2 名劳动力，而拥有 3 名或者 4 名劳动力的家庭分别只有 2 户，户均劳动力人口为 1.1 人（见图 2-30）。

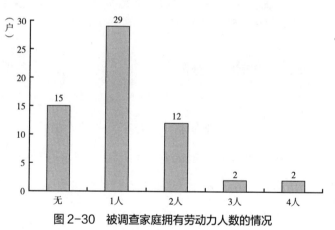

图 2-30　被调查家庭拥有劳动力人数的情况

资料来源：精准扶贫精准脱贫百村调研－姜家村农户问卷。

如图 2-31 所示，贫困户的户均劳动力人数仅为 0.8 人，远低于非贫困户的 1.4 人和脱贫户的 1.5 人，此外，在没有完全劳动力的 15 户家庭中，有 12 户均为贫困户家庭，这个数量占贫困户家庭总数的 40%，由此推断，缺乏劳动力确实会严重影响贫困情况。

此外，脱贫户的平均劳动力数量不仅远高于贫困户平均劳动力数量，甚至略高于非贫困户水平，由此进一步推断，增加劳动力人口是贫困户脱贫的重要方式和依靠。

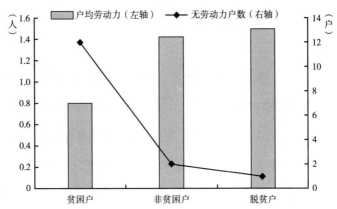

图 2-31　不同类型被调查家庭的户均劳动力数量和无劳动力户数

资料来源：精准扶贫精准脱贫百村调研 – 姜家村农户问卷。

二　劳动行业分布

从行业分布来看，姜家村劳动力主要分布于农林牧渔业、建筑业和制造业三大行业。在填写行业分布的 43 名劳动力中，有 13 人属于农林牧渔业，9 人属于制造业，9 人属于建筑业（见图 2-32）。

三　劳动时间

在参与调查的 59 名劳动力中，约 39.0% 的劳动力的劳动时间超过 180 天，35.6% 的劳动力的劳动时间

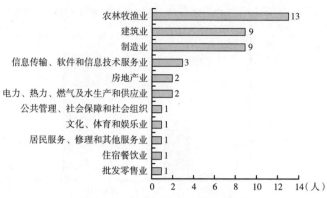

图 2-32 被调查劳动力的行业分布

资料来源：精准扶贫精准脱贫百村调研 – 姜家村农户问卷。

在 90 天到 180 天，25.4% 的劳动力的劳动时间不超过
90 天（见图 2-33）。

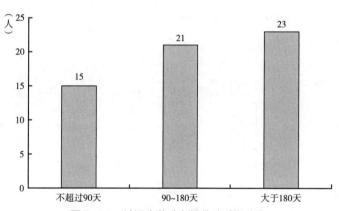

图 2-33 被调查劳动力的劳动时间分布

资料来源：精准扶贫精准脱贫百村调研 – 姜家村农户问卷。

从图 2-34 中可以看出，与贫困户相比，非贫困户劳
动力的劳动时间整体更长，绝大部分非贫困户劳动力的劳
动时间在 90 天以上，贫困户中每年劳动时间在 90 天以下
的劳动力最多。

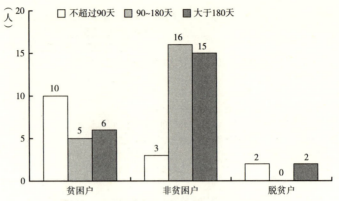

图2-34 不同类型被调查劳动力的劳动时间分布

资料来源：精准扶贫精准脱贫百村调研－姜家村农户问卷。

从劳动力工作的地点来看，大多数劳动力在本地务农或者打零工，但是工作时间相对较短，本地务农的年度平均劳动时间为61.7天，而本地打零工的平均劳动时间为99.9天，远低于在乡镇、县区、省内外打工的劳动力的劳动时间（见图2-35）。

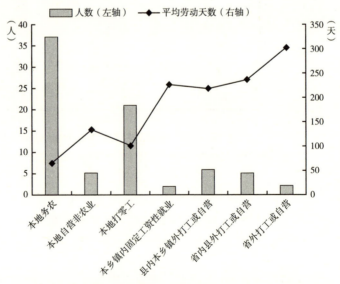

图2-35 不同区域被调查劳动力的劳动时间分布和平均劳动天数

资料来源：精准扶贫精准脱贫百村调研－姜家村农户问卷。

四 劳动收入

　　所有被调查劳动力中，共 46 名受访劳动力提供了明确的劳动收入，从图 2-36 中可以看出，一半劳动力的年收入水平在 10000 元到 50000 元。

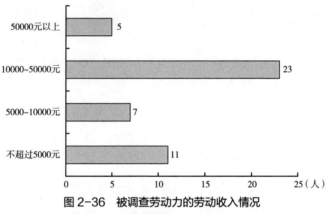

图 2-36　被调查劳动力的劳动收入情况

资料来源：精准扶贫精准脱贫百村调研 - 姜家村农户问卷。

　　如图 2-37 所示，贫困户劳动力的年均劳动收入仅为 13266 元，远低于非贫困户的 41933 元。其中 50% 的贫困户劳动力所获得年度劳动收入不超过 5000 元，这一比例远高于非贫困户劳动力的 8.3%。贫困户劳动力的劳动时间短，劳动收入低，是其难以脱贫的直接原因。

　　将劳动收入类型分为农业经营收入、非农业经营收入和工资性收入，可看出工资性收入最高，而且在贫困户、非贫困户和脱贫户中没有明显差异。工资性收入是贫困户居民脱贫的一种方法，但是贫困户居民中劳动力数量少，病弱人口多，难以外出务工从而获取工资性收

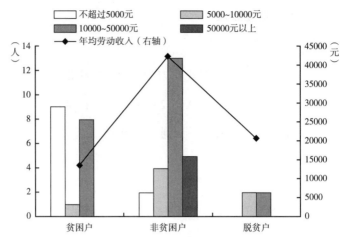

图 2-37　不同类型劳动力的劳动收入分布和年均劳动收入

资料来源：精准扶贫精准脱贫百村调研 - 姜家村农户问卷。

入。非农业经营收入同样较高，但是贫困户的非农业经营收入明显低于非贫困户和脱贫户。农业经营收入远低于其他两种收入，贫困户农业经营收入更是仅为 2322.2元，难以维持生计（见表 2-19）。

表 2-19　不同类型的年均劳动收入

单位：元

住户类型	农业经营收入	非农业经营收入	工资性收入
贫困户	2322.2	8300.0	29950.0
非贫困户	7823.5	40478.3	40000.0
脱贫户	6000.0	40000.0	30000.0
平均	5925.0	29738.9	32828.6

资料来源：精准扶贫精准脱贫百村调研 - 姜家村农户问卷。

五 土地面积

从图 2-38 中可发现，大部分村民拥有耕地和林地，但是林地的总面积远高于耕地，由此看出姜家村是一个以林地为主、兼种耕地的村庄。此外，还有部分村民拥有旱地、园地和牧草地。

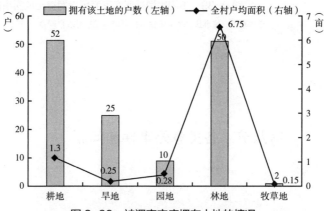

图 2-38 被调查家庭拥有土地的情况

资料来源：精准扶贫精准脱贫百村调研 – 姜家村农户问卷。

从家庭贫困类型来看，贫困户家庭的户均林地和园地面积分别为 5.45 亩和 0.05 亩，低于非贫困户的 7.88 亩和 0.97 亩（见图 2-39），以及脱贫户的 6.50 亩和 0.53 亩。贫困户的户均耕地面积 1.11 亩，低于非贫困户的 1.38 亩，却高于脱贫户的 0.88 亩。贫困户所拥有的林地和耕地面积相对非贫困户更低，一方面导致贫困户家庭农林业收入更低加剧贫困，另一方面是贫困户家庭劳动力不足而难以使用更多的林地和耕地。

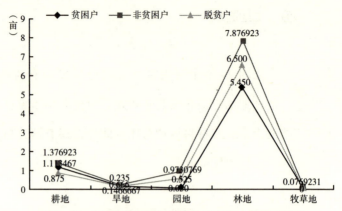

图 2-39 不同类型被调查家庭平均拥有土地面积情况

资料来源：精准扶贫精准脱贫百村调研－姜家村农户问卷。

第八节 各类意外事件和问题

各种意外事件的发生也会影响被调查村民的经济条件和贫困程度，如意外事故、自然灾害、农产品售卖问题、公共安全事件等，可能引起额外的支出或者减少村民收入。

一 意外事故

在参与调查的 60 户家庭中，共有 7 户家庭在 2016 年经历了意外事故，其中 4 户为贫困户，3 户为非贫困户，意外事故使贫困户家庭的经济情况雪上加霜（见图 2-40）。

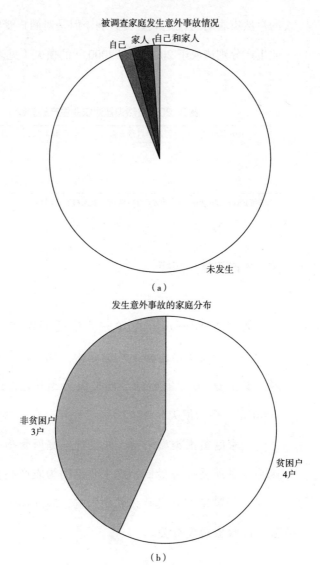

被调查家庭发生意外事故情况

自己 家人 自己和家人

未发生

（a）

发生意外事故的家庭分布

非贫困户
3户

贫困户
4户

（b）

图2-40　2016年被调查家庭中是否发生意外事故

资料来源：精准扶贫精准脱贫百村调研 - 姜家村农户问卷。

二　自然灾害

　　自然灾害可能对村民的财产安全和人身安全直接造成损失，也可能影响村民的农业生产行为，2016年中，并没有大的自然灾害对村民造成直接影响，但是对两户受访家庭的农业生产分别造成了 20 万元和 2000 元的损失（见表 2-20）。

表 2-20　自然灾害对农业生产的影响

2016 年农业生产是否遭遇自然灾害	户数（户）	损失
是	2	20 万元和 2000 元
否	54	
不适用	4	

资料来源：精准扶贫精准脱贫百村调研 – 姜家村农户问卷。

三　农产品售卖问题

如表 2-21 所示，共 20 户家庭受到农产品售卖问题的影响，主要是由价格下跌引起的，并不存在售卖困难问题。其中这 20 户家庭的最低损失为 500 元，最高损失为 8000 元，户均损失为 3247 元。

从家庭贫困类型来看，脱贫户家庭所受损失最大，贫困户家庭所受损失最低，这主要是因为农产品价格下跌问题对不同类型家庭具有无差别影响，因此损失规模主要与农产品收成规模有关。

表 2-21　农产品售卖问题及其影响

农产品售卖问题	户数（户）	各类型家庭所遇问题	户数（户）	户均损失（元）
价格下跌	20	贫困户	7	2285
		非贫困户	11	3400（仅 8 户数据）
		脱贫户	2	6000
无	16			
不适用	24			

资料来源：精准扶贫精准脱贫百村调研 – 姜家村农户问卷。

四 公共安全问题

2016 年，并没有受访的家庭发生过被偷抢等公共安全事件，而且从图 2–41 来看，81.7% 的受访者认为在当地走夜路是非常安全或者比较安全的。

在参与调查的 60 户家庭中，通过养狗来作为平时安全措施的有 9 户，安防盗门的有 3 户，参加社区巡逻的有 3 户（见图 2–42）。整体上看，村子的社会安全性是很高的。

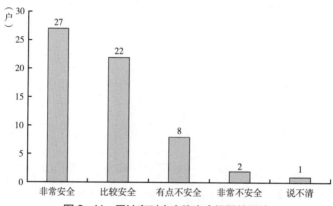

图 2–41 受访者对走夜路安全问题的看法

资料来源：精准扶贫精准脱贫百村调研 – 姜家村农户问卷。

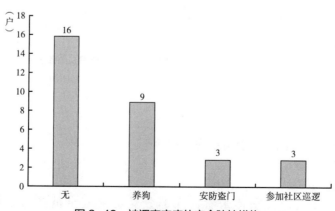

图 2–42 被调查家庭的安全防护措施

资料来源：精准扶贫精准脱贫百村调研 – 姜家村农户问卷。

第九节　社会身份和政治社会活动参与

一　党员数量

在参与调查的 60 户家庭中，47 户没有党员，占整体的 78.3%，13 户家中有 1 名党员，占比为 21.7%。其中 13 户包含党员的家庭中，5 户为贫困户，8 户为非贫困户（见图 2-43）。

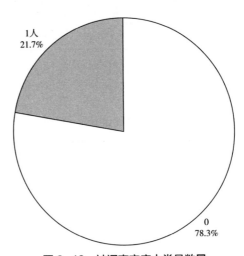

图 2-43　被调查家庭中党员数量

资料来源：精准扶贫精准脱贫百村调研 – 姜家村农户问卷。

二　政治与社会活动参与

整体来看，大部分受访家庭全员参与了村委会投票、村委会会议、村民组会议和乡镇人大代表投票等政治社会活动。其中村委会投票和乡镇人大代表投票的参与率最高，全家参加的家庭分别占总数的78.3%和80%，家中至少有一人参加的家庭数量分别占整体的96.7%和91.7%。而村委会和村民组会议的参与率稍低，全家参加的家庭数量占总数的71.7%和70.0%，至少有一人参加的家庭数量占比均为85%（见表2-22）。

表2-22　被调查家庭中政治与社会活动参与情况

单位：户

参加情况	是否参加了最近一次村委会投票	2016年是否参加了村委会召开的会议	2016年是否参加了村民组召开的会议	是否参加了最近一次乡镇人大代表投票
都参加	47	43	42	48
仅自己参加	10	7	7	5
别人参加	1	1	2	2
都没参加	1	8	8	4
不知道	1	1	1	1

资料来源：精准扶贫精准脱贫百村调研－姜家村农户问卷。

三　亲戚中是否有干部

大部分受访者没有亲戚在政府机构担任干部，15户受访者的亲戚是村干部，3户受访者的亲戚是县干部，还有2户受访者的亲戚是县以上干部（见图2-44）。

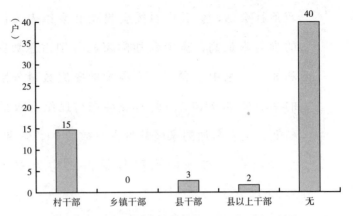

图 2-44　被调查者的亲戚中是否有干部及任职干部

资料来源：精准扶贫精准脱贫百村调研 – 姜家村农户问卷。

第十节　家庭关系

一　夫妻关系

在参与调查的 60 户家庭代表中，42 人已婚，1 人未婚，17 人丧偶。以下关于夫妻关系的调查均基于这 42 人的样本进行分析。

（一）夫妻不在一起的时间

在调查问卷中，共有 41 人填写了夫妻不在一起的天数，从图 2-45 中可以看出，75.6% 的夫妻一年之中都在一起，而 12.2% 的夫妻一年中至少 300 天不在一起。

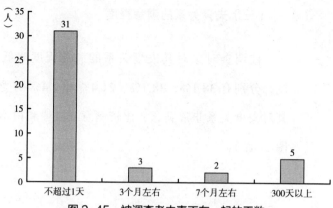

图2-45　被调查者夫妻不在一起的天数

资料来源：精准扶贫精准脱贫百村调研 – 姜家村农户问卷。

（二）夫妻之间的信任程度

整体来看，被调查的夫妻中绝大部分对自己的配偶非常信任，但是仍有6位受访者对自己的配偶信任度一般，占总数的14.3%，还有2位受访者对自己的配偶不太信任，占总数的4.8%（见图2-46）。

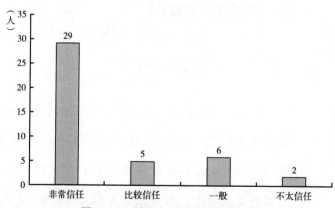

图2-46　被调查者的夫妻信任程度

资料来源：精准扶贫精准脱贫百村调研 – 姜家村农户问卷。

（三）夫妻关系的满意程度

被调查对象对其夫妻关系的满意程度略低于信任程度，分别有 38.1%、38.1%、21.4% 和 2.4% 的受访者认为其对夫妻关系非常满意、比较满意、一般和很不满意（见图 2-47）。

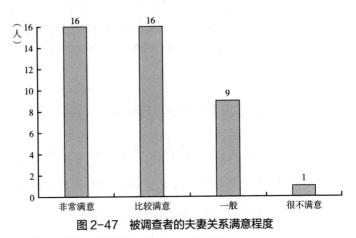

图 2-47　被调查者的夫妻关系满意程度

资料来源：精准扶贫精准脱贫百村调研 - 姜家村农户问卷。

二　与父母和子女的联系

（一）与父母联系的频率

大部分受访者的父母已经过世或由于其他问题，并不适用于本问题。从图 2-48 中可以看出，在剩余的 16 位受访者中，4 人与父母住在一起，其余没有与父母住在一起的受访者中，有 6 人每天与父母联系，4 人每周至少与父母联系一次，2 人每月至少与父母联系一次。

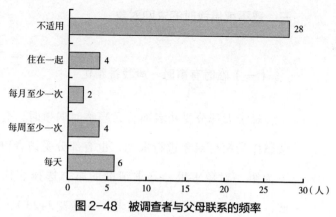

图2-48　被调查者与父母联系的频率

注：图中未包含父母都已经去世的16位受访者。

资料来源：精准扶贫精准脱贫百村调研－姜家村农户问卷。

（二）不住在一起的子女与受访者联系的频率

子女与被调查者联系的频率低于被调查者与父母联系的频率。大部分受访者的子女每周至少与其父母联系一次，11名受访者的子女每月至少与受访者联系一次，而没事从不联系父母的受访者子女数量是每天联系父母的受访者子女数量的近3倍（见图2-49）。

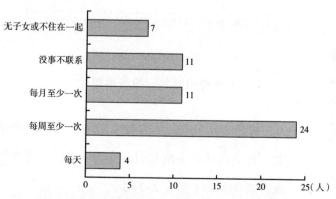

图2-49　不住在一起的子女与被调查者联系的频率

注：有的被访农户父母已去世。

资料来源：精准扶贫精准脱贫百村调研－姜家村农户问卷。

三 遇事或借钱时的求助对象

（一）临时有事时一般找谁帮忙

对于大部分受访者而言，当临时遇事时，会选择直系亲属作为第一对象进行求助，也有部分受访者以邻居或老乡为第一对象求助；寻求帮助的第二选择往往是其他亲戚，第三选择通常是邻居或老乡（见表2-23）。

表2-23 被调查者临时有事时寻求的帮忙对象

单位：人

寻找的帮忙对象	第一选择	第二选择	第三选择
直系亲属	41	2	0
其他亲戚	2	11	0
邻居或老乡	14	5	9
村干部	1	1	0
朋友或同学	1	1	0
其他	1	0	0

资料来源：精准扶贫精准脱贫百村调研 - 姜家村农户问卷。

（二）急需用钱时一般找谁帮忙

在急需用钱时，大部分受访者一般向直系亲属寻求帮助，其次向其他亲戚和朋友或同学求助，再次则会向邻居或者老乡求助（见表2-24）。

表 2-24 被调查者急需借钱时寻求的帮忙对象

单位：人

寻找的帮忙对象	第一选择	第二选择	第三选择
直系亲属	51	0	0
其他亲戚	3	11	0
邻居或老乡	5	2	8
朋友或同学	1	5	0

资料来源：精准扶贫精准脱贫百村调研 – 姜家村农户问卷。

第十一节　闲暇和业余活动

一　平时的忙碌程度

在参与调查的 60 户家庭代表中，58 人填写了平时是否忙碌的问卷，其中不忙或一点不忙的共计 27 人，占总体的 46.6%，较忙或有点忙的共计 21 人，占总体的 36.2%（见图 2-50）。

二　主要的业余活动

姜家村村民的主要业余活动是看电视，共计 35 人平时最主要的业余活动是看电视，占整体的 58.3%，其次则是休息和做家务（见表 2-25）。

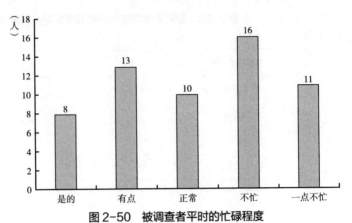

图2-50 被调查者平时的忙碌程度

资料来源：精准扶贫精准脱贫百村调研 - 姜家村农户问卷。

表2-25 被调查者主要的业余活动

单位：人

业余活动	主要活动	次要活动	再次要活动
上网	0	1	0
社交	1	2	0
看电视	35	0	0
读书看报	0	4	0
休息	11	7	2
做家务	9	12	2
照顾小孩	1	0	1
什么也不做	0	2	1
其他	3	0	0

资料来源：精准扶贫精准脱贫百村调研 - 姜家村农户问卷。

三 看电视、睡眠和干活时间对比

调查结果表明，60 名姜家村村民在调查最近一周内平均每天看电视的时间为 4.3 小时，睡眠时间为 9.3 小时，累计干活时间为 22.2 小时。但是这三项时间的分布特点并不相同，其中看电视时间最为集中，共 45 人最近一周每天看电视时间在 1～3 小时，其中 28 人每天看电视的平均时间为 2 小时；睡眠时间次之，共 46 人最近一周平均每天睡眠时间在 6～8 小时，其中 18 人平均每天睡眠 6 小时，21 人平均每天睡眠 8 小时；而干活时间最为分散，其中 11 人最近一周干活时间为 0，累计最高干活时间则为 60 小时（见表 2-26）。

表 2-26　被调查者看电视、睡眠和干活时间的平均数

单位：小时

平均数	最近一周平均每天看电视时间	最近一周每天平均睡眠时间	最近一周累计干活时间合计
算数平均值	4.3	9.3	22.2
中位数	2	7.5	20
众数	2	8	0

资料来源：精准扶贫精准脱贫百村调研－姜家村农户问卷。

第十二节　子女教育

一　被调查子女的数量

在参与调查的 60 户家庭中，2016 年共有 4 户家庭有 1 个 3~18 岁的子女，2 个家庭有 2 个 3~18 岁的子女，因此被

调查的孩子人数共计 8 人，其中 1 人辍学，其余 7 人均在上学。本节接下来的统计分析均在这 8 名孩子的调查基础上进行（见图 2-51）。

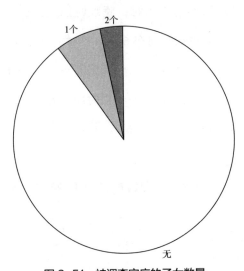

图 2-51　被调查家庭的子女数量

资料来源：精准扶贫精准脱贫百村调研 – 姜家村农户问卷。

二　就学状态

在参与调查的 8 个孩子中，3 人正在读小学，3 人正在读初中，1 人正在读高中，1 人辍学，其中辍学者现在在家与（外）祖父母一起生活，辍学原因是孩子自己不愿学习，其余 7 人目前和父母一起生活（见图 2-52）。

三　学校情况

从学校地点来看，2 个孩子在本乡镇的学校就学，分

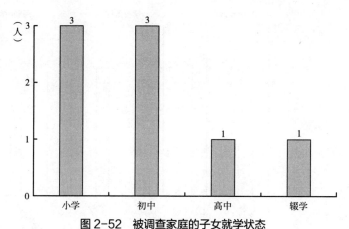

图 2-52　被调查家庭的子女就学状态

资料来源：精准扶贫精准脱贫百村调研 – 姜家村农户问卷。

别在乡镇小学就读于一年级和五年级，5 个孩子则在县城或市区的学校上学，从小学至高中均有。

从学校条件来看，仅有 1 名高中生所在学校条件较好，其余 6 人所在学校条件均一般。

从通勤时间来看，4 个孩子住校，均在县城或市区的中学就读；2 个孩子的通勤时间在 15 分钟以下，均是在乡镇小学就读的孩子；1 个孩子的通勤时间在 15~30 分钟，是在县城小学就读的学生（见图 2-53）。

四　费用和补助

被调查的 7 个孩子的上学的年均费用为 5628.6 元，其中小于 5000 元的共 4 人，除 1 人外均为在校小学生，在 5000~10000 元的共 2 人，均为初中生，费用高于 10000 元的是 1 名高中生（见图 2-54）。

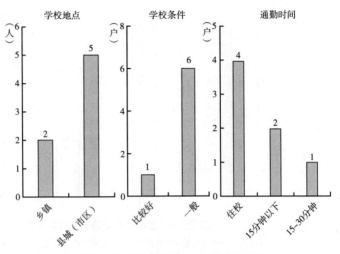

图 2-53　被调查家庭的子女学校情况

资料来源：精准扶贫精准脱贫百村调研 - 姜家村农户问卷。

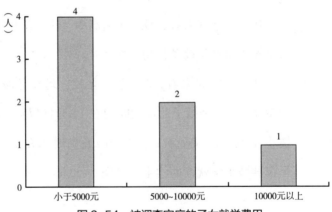

图 2-54　被调查家庭的子女就学费用

资料来源：精准扶贫精准脱贫百村调研 - 姜家村农户问卷。

　　在教育补助方面，共有 3 名学生获得教育补助，其中 1 名小学生获得了 1000 元补助，1 名初中生获得了 1200 元补助，1 名高中生获得了 2000 元补助，此外，这名高中生还获得了 800 元教育捐款。

第三章

姜家村村民绿色低碳意愿调查及其与
城镇居民的比较

第一节 姜家村绿色低碳发展的背景

近几年，浙江省各地加快了绿色低碳城市建设的进程，位于浙江西南山区的衢州市也于 2017 年获批国家第三批低碳城市试点，其中龙游县罗家乡便是具有低碳资源禀赋的乡镇之一，乡域面积 59.63 平方公里，以平均海拔 600 米以上的高山为主，森林覆盖率达 83.5%，其中姜家村达到 85%。山区小气候特征明显。全乡林木资源丰富，山林面积 7.3 万亩，其中竹林 3.4 万亩，立竹量 500 多万支，是构成龙游"浙西大竹海"的重要区块之一。受华夏式地质构造控制，山上多奇峰异石，地下水充沛，瀑、泉长年不息。乡内重要自然景观有姜家圣堂山、宝剑石、红塘坑水库和红豆杉、银杏等珍稀古树群。一方水土育一方人。罗家乡辖 13 个行政村，9000 多勤劳淳朴的山民受浓厚的竹文化熏陶，在种竹、养竹、用竹上积累了丰富而宝贵的经验。原竹、竹笋的收入逐年攀升；"一村一品"的竹制品加工格局基本形成，成为农民增收的支柱产业。2005年全乡工农业总产值 9883 万元，人均收入 1800 元。随着省级生态乡创建工作的逐步深化，乡党委、政府致力于将生态资源优势转化为生态经济优势，致力于将罗家乡的绿水青山转变为"金山银山"。

从调研中发现，乡村居民长期在农村生活，与自然环境更加贴近，具有更强烈的气候环境保护意识。那么在绿色低碳发展中，他们的低碳绿色行动意愿是否不低于或者超过城市居民？村民朴素的生态文化是否给低碳城市建设带来积极的影响？本文基于问卷调查和入户访谈获得第一手资料，试图结合实验经济学与社会学的研究方法，通过比较分析参照组和实验组的低碳意识，即龙游县城城镇居民和姜家村农村居民之间绿色低碳意愿的差异，来探索上述问题。

第二节　主要方法及资料来源

调研中以我国第三批低碳城市试点衢州市龙游县城镇

居民为参照组，以罗家乡姜家村村民为实验组，研究姜家村村民与龙游城镇居民绿色低碳意愿的差异及居民间的相互影响。

数据除标注外，全部来源于2015~2018年浙江省龙游县低碳城市建设的问卷调查以及入户访谈。本文的问卷调查对象按居民花名册随机抽取龙游县城阳光小区居民33户，姜家村村民33户，共66户。共回收有效问卷66份。其中龙游县城阳光小区居民为参照组，罗家乡姜家村村民为实验组。

问卷回收整理录入后，主要使用统计软件SPSS，针对居民对气候变化问题的认知程度、对我国积极推进绿色发展以及低碳城市建设的了解情况、居民对低碳绿色或者环境保护活动的参与状况、为减缓气候变化放弃奢侈消费的意愿度，以及居民平时的低碳生活习惯等问题进行比较，分析姜家村村民与龙游县城居民对绿色低碳城市意愿的差异。

第三节　龙游县姜家村村民与城镇居民绿色低碳意愿的比较

问卷和访谈主要围绕下述变量来研究龙游县城阳光小区居民和罗家乡姜家村村民的绿色低碳意愿。一是考察参照组与实验组对气候变化以及当地低碳建设的认知度；二是考察他们的环境意识和低碳意愿，设定在无须付费的公共场合，即在一定程度上消除经济因素的干扰后，测试研究对象的低碳习惯和道德自律问题；三是测试研究对象在低碳消费和攀比消费间的心理权衡；四是测试研究对象的低碳行动意愿。

一 参照组与实验组对气候变化以及当地低碳建设的认知度

为考察参照组与实验组对气候变化以及当地低碳建设的认知度，我们设置了两个问题：问题一，您知道气候变化问题吗，知道人类过度的碳及污染排放引起气候变化和环境问题吗？该题我们预设了四个定序选项，按程度从低到高依次为"不知道，不关心""听说过，但不太清楚""知道，但不关心""知道，关心"。问题二，您对你们市低碳城市建设/美丽乡村建设相关政策是否满意？该题我们预设了四个定类选项，分别是"低碳措施较多，给百姓带来了好处，满意""低碳措施虽多，但没有给百姓带来好处，不满意""对这些措施看法一般""对政策措施不清楚，不了解"。

如表3-1所示，参照组为阳光小区居民，对气候变化问题表示"不知道，不关心"的人数仅占3%；28.2%的人表示"听说过，但不太清楚"；"知道，但不关心"的人数占15.2%；"知道，关心"的人数占53.6%。从比例上看，该社区居民对气候变化问题比较了解的达到68.8%。实验组的相应比例与阳光小区差异显著："不知道，不关心"气候变化问题的比例与参照组相当，也为3%；"听说过，但不太清楚"的占57.3%，远高于参照组；"知道，但不关心"的仅占2.1%；"知道，关心"的占37.6%。此外，从知道的群体中看，因4个选项可以看作定序变量（在选项的1~4值中，数值越高，低碳意识越乐观），从而可以进行均值比较，参照组均值为3.39，实验组为3.24。由卡方检验结果，P值为0.002，可见，参照组与实验组在对气候变化问题的认知方面具有显著差异。这与我们入户访谈的结果一致：由于参照组长期生活在城镇，与外界接触交流多而广，与外界的社会交往活动频繁，信息量和获取渠道较大、较广，拓宽了知识面，对气候变化的认知度也相应更高。而实验组为姜家村村民，长期生活在农村，大家日常生活中交流的都是本村居民，与外部交流不频繁，信息量以及获取信息的渠道有限，信息范围相对狭窄，因而对气候变化问题的认知度相对于参照组稍低。

表3-1 参照组和实验组对气候变化问题的认知度

		您知道气候变化问题吗，知道人类过度的碳及污染排放引起气候变化和环境问题吗？				
		不知道，不关心	听说过，但不太清楚	知道，但不关心	知道，关心	渐进 Sig.（双侧）
参照组（阳光小区居民）	该组中的占比（%）	3.0	28.2	15.2	53.6	0.00186
实验组（姜家村村民）	该组中的占比（%）	3.0	57.3	2.1	37.6	

资料来源：笔者自制。

对于第二个问题，实验组与参照组的反应也具有显著差异。衢州市近年来在低碳发展方面做了不少努力。除了产业政策、能源政策之外，该市在与居民日常生活联系较紧密的低碳社区建设层面也有较具体的政策措施，比如公共自行车、节能路灯的使用和管理；具体到农村，如美丽乡村建设，包括农村垃圾的收集和管理等。

如表 3-2 所示，参照组居民中认为"低碳措施较多，给百姓带来了好处，满意"的占 30.3%，认为"低碳措施虽多，但没有给百姓带来好处，不满意"的占 36.4%，"对这些措施看法一般"的占 27.3%，另外有少数表示"对政策措施不清楚，不了解"，这部分居民占 6.1%。实验组相应的比例分别是 36.4%、27.3%、36.4% 和 0。从对政策的了解度上看，村民非常了解美丽乡村建设的相关政策，而城镇居民对于低碳城市相关政策的了解度相对较低；同时村民对于政策的满意度高于城镇居民。这从访谈中得到印证：美丽乡村建设的具体措施由村"两委"具体按小组落实到每家每户，因此村民对此均有了解，城镇的具体措施主要在于公共产品的提供（如公共自行车等），居民并没有意识到，或者意识到该产品的提供，但是并未将此与绿色低碳措施相联系。

表 3-2　参照组和实验组对当地低碳建设的认知度

		您对你们市低碳城市建设 / 美丽乡村建设相关政策是否满意？				
		低碳措施较多，给百姓带来了好处，满意	低碳措施虽多，但没有给百姓带来好处，不满意	对这些措施看法一般	对政策措施不清楚，不了解	渐进 Sig.（双侧）
参照组（阳光小区居民）	计数	10	12	9	2	0.000
	该组中的占比（%）	30.3	36.4	27.3	6.1	
实验组（姜家村村民）	计数	12	9	12	0	
	该组中的占比（%）	36.4	27.3	36.4	0	

资料来源：笔者自制。

尽管地方政府的低碳政策和措施通过若干渠道，如公共建筑物墙体标语等方式进入社区，但是并非每个居民对其中的概念都有足够的了解，有的会有一些误解，担心低碳建设会对经济发展造成影响，进而影响自己的物质福利。但是实验组的村民，更多地接触到具体的行为措施，如垃圾箱的挨户发放，按小组的农户垃圾的集中管理，农户门口的绿化带建设，等等，都是与村民的具体行为直接相关，因而他们就更能体会到低碳措施带来的现实优势。同时，对同一个政策或措施，城镇居民的要求更高一些，在经济便利性和文化生活方面都对政策措施有着较高的预期；而村民限于相对较低的经济文化条件，当低碳政策措施对其生活条件稍有改善时，更容易感到满意。

二　参照组与试验组的环境意识和低碳意愿

低碳生活方式是低碳建设的一个基础组成部分，为了考察研究对象的环境意识和低碳意愿，本文主要选取了几项比较简单易行的行为习惯，如关水龙头、人走关灯、少用空调节电等。又由于居民节水节电的出发点不是单一的，可能是出于低碳关切，也有可能是出于经济原因，对此，为了尽可能剔除或减少经济变量对选项的干扰，我们在问卷设计中特别加上"公共场所"，即在没有经济约束的条件下，居民是否能够做到随手关灯关水节电。因此问题为"您平时是否在公共场所做到人走关灯，拧好水龙头，节约用电？"可见，该问题实际上测试的是居民的低碳自律。相应地，我们设置了四个定序选项，程度从高到低分别为"很注意"、"比较注意，基本能做到"、"不太注意"以及"不关心"。

如表 3-3 所示，参照组和实验组的差异则比较悬殊：参照组中选择"很注意"、"比较注意，基本能做到"、"不太注意"以及"不关心"的比例分别是 9.1%、9.1%、30.3% 和 51.5%；而实验组的相应比例是 39.4%、39.4%、21.2% 和 0。相对于参照组，实验组选择"很注意"和"比较注意，基本能做到"的比例，相对于参照组均高出 3 倍多，而选择不关心的比例低至为零。

表 3-3 参照组和实验组的低碳自律

		您平时是否在公共场所做到人走关灯，拧好水龙头，节约用电？				
		很注意	比较注意，基本能做到	不太注意	不关心	渐进 Sig.（双侧）
参照组（阳光小区城镇居民）	计数	3	3	10	17	0.0015
	该组中的占比（%）	9.1	9.1	30.3	51.5	
实验组（姜家村村民）	计数	13	13	7	0	
	该组中的占比（%）	39.4	39.4	21.2	0	

资料来源：笔者自制。

同问题一，该 4 个选项可以看作定序变量（在选项的 1~4 值中，数值越低，低碳自律性越强），进行均值比较，发现，参照组为 3.24，实验组为 1.82，实验组较参照组自律性更强。由卡方检验结果，P 值为 0.001，实验组与参照组在低碳自律问题上差异显著。

在后续的入户访谈中，得到这一现象的部分解释：姜家村居民，原先是自主接入山涧水，不付费，加之水资源丰富，没有感受到水资源约束，很少有水资源、能源资源的概念，没有养成随手关水龙头等习惯。近年来在绿色低碳城市建设的过程中，农村开展了相应的美丽乡村建设，由村里统一进行了自来水入户改建，适当收费，接触到更多关于水资源和能源资源稀缺的言论，当他们意识到这一问题后，节水节能的行为倾向就很明显，这种节水习惯也延伸到村民在公共场所的行为。相应地，城镇居民未经历这种政策前后的差异性，因此，对于公共场合的节省行为没有足够的自觉。

三 参照组和实验组在低碳消费和攀比消费间的心理权衡

这部分主要通过考察不同居民群体的买车动机来测试他们在低碳消费和攀比消费间的心理权衡。所设的问题是"您买车的原因是什么？"设置该问题是鉴于交通是碳排放的三大主要来源之一，一辆轿车一年排出的有害废气比自身重量大3倍，减少非刚性的轿车需求有助于低碳发展。针对该问题，我们设置了三个选项："周围很多人都买了""上班路途远，有车能节省时间""有车方便，可以驾车出去玩"，分别代表攀比消费、刚需消费和休闲消费。

表 3-4　参照组与试验组的消费心理

| | | 您买车的原因是什么? | | | |
		周围很多人都买了	上班路途远，有车能节省时间	有车方便，可以驾车出去玩	渐进 Sig.（双侧）
参照组（阳光小区居民）	计数	4	21	8	0.002
	该组中的占比（%）	63.6	9.1	27.3	
实验组（姜家村村民）	计数	4	19	10	
	该组中的占比（%）	12.1	57.6	30.3	

资料来源：笔者自制。

如表 3-4 所示，参照组攀比消费、刚需消费和休闲消费的比例分别是 63.6%、9.1% 和 27.3%，攀比消费接近 2/3；实验组攀比消费的比例仅为 12.1%，选择"有车方便，可以驾车出去玩"的比例为 30.3%，而选择"上班路途远，有车能节省时间"的比例为 57.6%。入户访谈中，我们对有车户、无车户都做了进一步的了解。阳光小区居民表示，他们原先一直觉得没有豪华的房子、没有名牌轿车，在社会交往中显得没有面子。姜家村的村民尽管有不少积蓄，但基本上用于必需品的购置，很少用于面子消费。低碳城市建设中这种朴素理念的宣传也符合了一部分居民的心理：他们经济条件一般，然而经常会由于社交环境所迫而进行奢侈消费，但他们内心却是不情愿的，因此他们就需要一种外来的理论依据或者是推动力，能够使他们既不必违心奢侈又能保持"面子"，从而可以将积蓄用于未来可能的刚需。于是，这种"简朴观"恰逢时机，迎合了这一心理需求。可见，村民对简朴的生活方式和消费习惯更加从容，在村子里相互影响，有助于实现从奢侈消费到低碳消费的转型，促进低碳城市的建设。

四 参照组与实验组的低碳行动意愿

针对低碳行动意愿，我们设置了两个问题。第一个问题是"平时的生活消费习惯能给您带来便利，但有一部分会与环境保护冲突，您愿意放弃吗，比如少开车，少用空调？"相应的选项根据意愿度，从低到高分别为"不愿意，这样做会牺牲现代生活质量与效率""愿意，但是具体落实的时候，还是不容易""愿意放弃"等三项。第二个问题是"您经常参加种树、清洁河流、捡扫垃圾等劳动吗？"相应的选项按照意愿度分别为"很愿意，经常参加""偶尔参加""不知道，没参加过""不愿意"四项。

第一个问题通过考察是否愿意改变消费习惯来测试居民的低碳意愿。上文关于在公共场所的节能节水习惯问题主要是考察居民的公共意识和低碳自律，有别于此，该问题则未剔除经济因素，而侧重于考察居民是否能够为了减少碳排放而放弃更多的生活便利性。如表 3-5 所示，参照组和试验组相应的比例分别为 42.4%、48.5%、9.1% 和 6.1%、27.3%、66.7%。对于实验组在"不愿意，这样做会牺牲现代生活质量与效率""愿意放弃"两个选项上与参照组的显著差异，我们从问卷数据上难以解释，对此，我们在入户访谈中做了进一步的调研。城镇居民中选择"愿意放弃"的被访者 95% 以上认为，放弃这些非刚性的消费习惯能省钱，但是他们更担心会在社会交往中显"寒酸"；在与姜家村村民的访谈中，我们发现，他们平时就很少开空调（姜家村森林覆盖率高，夏季很凉爽，因而他们没有养成进屋就开空调的习惯），其他方面也很节俭，与上文中的消费心理同理，他们从中找到放弃某些现代生活习惯的"外来力量"。此外，城镇居民有5%的被访者表示"他们对气候变化半信半疑，对低碳也不甚了解，但既然政府说了低碳生活，那就对照着做吧"。然而具体落实的时候，还是不容易。

表3-5 参照组与实验组改变消费习惯以减少碳排放的意愿

		平时的生活消费习惯能给您带来便利，但有一部分会与环境保护冲突，您愿意放弃吗，比如少开车，少用空调？			
		不愿意，这样做会牺牲现代生活质量与效率	愿意，但是具体落实的时候，还是不容易	愿意放弃	渐进 Sig.（双侧）
参照组（阳光小区居民）	计数	14	16	3	0.001
	该组中的占比（%）	42.4	48.5	9.1	
实验组（姜家村村民）	计数	2	9	22	
	该组中的占比（%）	6.1	27.3	66.7	

资料来源：笔者自制。

该问题的三个选项可看作定序变量进行均值比较，参照组为1.67，实验组为2.03。实验组均值较参照组更高，卡方检验结果显示，P为0.001，实验组和参照组差异显著。入户访谈的结果可以进一步解释：姜家村村民在生活水平提高的同时基本上还保留了原来的简朴习惯，在美丽乡村建设的过程中，对低碳发展有了更多的了解，因而他们绝大部分选择了"愿意放弃"。值得深思的是，在问卷分析和入户访谈中发现，在对低碳有一定程度的了解之后，农村居民对相关政策措施的认同度更高，更愿意参照相关的政策措施来矫正自己的日常行为。

需要指出的是，居民选择"不愿意，这样做会牺牲现代生活质量与效率"，并非意味着他们对环境和气候变化危机的淡漠，而是由于他们的认识还没有达到一定的程度。访谈中发现，他们从心里是愿意改变的，只是并没有直观地看到危机，觉得危机离自己很遥远，因而认为没有必要放弃自己的便利性消费。

设置第二个问题是为了考察居民是否愿意贡献一部分时间和精力用于社区的低碳建设，我们选择了与社区建设相关的种树、清洁河流和捡扫垃圾等集体义务劳动。如表3-6所示，参照组和实验组在"很愿意，经常参加""偶尔参加""不知道，没参加过"的选项上差异均较为显著，表明实验组居民为低碳社区提供无偿劳动的意愿度相对更强。

表3-6 参照组与实验组参加低碳社区建设义务劳动的意愿

		您经常参加种树、清洁河流、捡扫垃圾等劳动吗？				
		很愿意，经常参加	偶尔参加	不知道，没参加过	不愿意	渐进 Sig.（双侧）
参照组（阳光小区居民）	计数	1	9	20	3	
	该组中的占比（%）	3.0	27.3	60.6	9.1	0.01
实验组（姜家村村民）	计数	14	15	3	1	
	该组中的占比（%）	42.4	45.5	9.1	3.0	

资料来源：笔者自制。

同理，鉴于该问题选项可以视为定序变量，将"很愿意，经常参加""偶尔参加""不知道，没参加过""不愿意"，依次赋值为4、3、2、1，从而对参照组与实验组进行均值比较，参照组为 2.76，实验组为 1.73。卡方检验结果显示，P 为 0，实验组与参照组的差异显著。对此，入户访谈的结果也给出了进一步解释：参照组由于平时忙于上班，有接近 2/3 的居民不知道有这些活动，直接影响了其他选项（比例均不高）；而实验组由于是在村里集中居住，平时不需要规律性的上班，更容易参与当地村委会组织的各类活动，更多地获得相关的绿色建设信息（尽管他们不很清楚绿色低碳的概念和政策，但是更多的是直接参与具体行动），更容易接受政府的低碳政策，因而，选择第一、第二选项的比例显著高于参照组。

五 地方性知识的保持应用

这部分主要是考察绿色农业地方性知识分别在城镇居民（阳光小区还保留有一定的自留地）和姜家村村民中的传承及应用差异。因参照组和实验组大部分保留了农业生产方式，因此，我们设置了生产中普遍遇到的问题"平时在生产种植等农活中，需要除草和菜园杀虫等，对此，您是用化肥农药多，还是使用土办法多？"相应的备选答案为"完全化肥农药""依靠土办法更多""化肥农药更多""完全土办法"四个选项。

如表 3-7 所示，参照组和实验组选择"完全化肥农药"、"依靠土办法更多"、"化肥农药更多"以及"完全土办法"的比例分别为 39.4%、15.2%、45.5%、0 和 6.1%、45.5%、45.5%、3.0%。可见，村民完全施用化肥农药的比例大大低于有自留地的城镇居民；相应地，在姜家村村民中"依靠土办法更多"的居民比例远远高于参照组，并且出现了少数"完全土办法"的情况。

表3-7 实验对象对地方性传统知识的保留和应用情况

		平时在生产种植等农活中，需要除草和菜园杀虫等，对此，您是用化肥农药多，还是使用土办法多？				
		完全化肥农药	依靠土办法更多	化肥农药更多	完全土办法	渐进Sig.（双侧）
参照组（阳光小区居民）	计数	13	5	15	0	0.000
	该组中的占比（%）	39.4	15.2	45.5	0	
实验组（姜家村村民）	计数	2	15	15	1	
	该组中的占比（%）	6.1	45.5	45.5	3.0	

资料来源：笔者自制。

在入户访谈中了解到，居民对绿色无公害都有所了解，迁入地的汉族居民一直希望用土办法来进行农业生产，但相应知识并不是很多，并且只有周围形成绿色生产的规模，土办法才能奏效（在一个农药防治病虫害占绝大部分的连片土地上，小规模的生物防治病虫害往往是无效的）。而在畲族居民迁入聚居后，使用土办法的规模明显扩大，他们的土办法很快就被周围的汉族效仿；此外，畲族居民也会图方便，施用一部分化肥农药。

在访谈中，畲族被访对象提到地方性传统知识，如以烟草末或者烟丝防治地老虎，用大葱水喷治蚜虫等软体害虫及应对白粉病，用生姜滤液防治叶斑病和防治蚜虫、红蜘蛛和潜叶虫,等等。在他们的常识中,辣椒叶、西红柿叶、苦瓜叶都是防治虫害的生物原料。汉族居民也有不少相关知识,畲族则更为丰富。最重要的是,汉族居民尽管掌握了某些传统知识,然而却很少应用,而是习惯性地运用现代杀虫剂和施化肥。在互嵌聚居的过程中,畲族频繁使用地方性传统知识来耕作的习惯,产生了溢出效应,带动了与之互嵌聚居的汉族居民,使这些土办法的使用规模增大,生物防治病虫害效果增强,长此以往,有助于生态农业的良性循环。

第四节　姜家村村民具有较高的绿色低碳发展意愿

通过分析参照组和实验组的低碳意识及其差异,并结合入户访谈的结果,可以发现:从总体上看,姜家村村民较其参照组阳光小区居民的奢侈消费更低,低碳意愿也更加显著,并且传统地方知识应用显著高出参照组。因此,结合浙江省衢州市的低碳城市建设,在对姜家村美丽乡村建设以及精准脱贫、精准扶贫的过程中更多的介入绿色低碳扶贫就有较强的政策意义。

(1)由上述各组研究对象对低碳知识的掌握状况,以及对当地低碳城市建设的理解程度可知,当地对居民的低碳知识尚未普及,居民对低碳建设也未能有较深的理解。

对此，可以开展定期和不定期的低碳知识及低碳生活小贴士等讲座。一方面，可以进一步提高社区居民的低碳理念；另一方面，通过贴近生活生产的低碳知识指导他们的日常实践，从中受益，更多地投身于绿色低碳扶贫的个人和集体行动中。

（2）在农村村民的生产生活中，保持并应用的民族地方性传统知识产生了重要的绿色低碳效应，对当地的低碳城市建设有着积极的贡献。对此，政府机构可以有组织地保护、收集和整理当地不同民族的地方性传统知识，建立数据库，进行推广和应用，有助于促进当地的可持续发展和低碳城市建设的本地化。

（4）问卷和入户访谈一致发现，居民的攀比和"面子"消费已是影响低碳生活的一大心理障碍，而农村居民相对更多地保留了我国传统文化中的"简朴"观念。这种观念更需要回归至居民的生产和日常的生活起居以及社会交往中，以便使低碳发展和传统文化有机融合，从而更从容地推动低碳城市建设。

第四章

导致贫困的因素、扶贫措施及其
效果评价

在落实全球 2030 可持续发展议程和实现可持续发展目标（SDGs）中，我国已做出了举世瞩目的贡献，我国是唯一的从低人类发展水平跨越到高人类发展水平的国家。然而在实现可持续发展目标以及"全面建设小康社会"的进程中，我国尚存在城乡间发展不平衡、地区间发展不平衡等问题。在发达省份中也依然存在一些偏远贫困的村庄，如我们此次调研的对象姜家村。要实现贫困村的精准扶贫、精确脱贫，就需要我们深入地研究其贫困的成因，探索其增强可持续发展能力的有效路径，仔细倾听当地村民的心声，努力帮助他们实现对未来的愿景。

第一节　致贫原因

对于姜家村受访的贫困户和脱贫户而言，生病、残疾和自身发展动力不足导致他们贫困，分别有 17 户、7 户和 4 户受访户选择这三种最主要致贫原因。此外，在其他致贫原因中，又以缺劳动力、自身发展动力不足和缺技术为主，分别有 12 户、9 户和 7 户选择了其他致贫原因（见图 4-1）。在访谈中，大多数村民也反映了产业发展的问题，一是村里的资源没有有效地转化为产业，二是产业没有形成一定的规模，因此，本地吸纳劳动力的能力欠缺，缺少就业机会也是致贫和脱贫效果不佳的主要原因之一。此外，随着人口老龄化问题的日益严重，村民养老问题的重要性也在不断上升。尤其是贫困老人能否老有所依，是贫

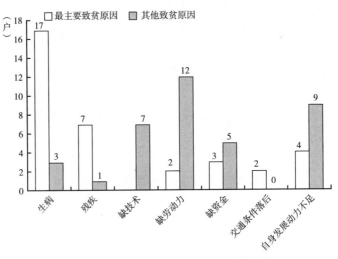

图 4-1　被调查家庭的主要和次要致贫原因

注：因选项为多选，因而总数超过被访数。

资料来源：精准扶贫精准脱贫百村调研 - 姜家村农户问卷。

困地区即将面临的一大重要问题。

因此姜家村脱贫的最主要方向应当是更全面深入的覆盖医疗保险、依托本地资源发展特色产业。同时，还应配以劳动力技能培训以提高村民自身发展动力，一方面针对本村产业需求的劳动力培训以扶持本地产业发展和减少青壮年人口流出，另一方面也为外出务工的技能需求提供培训以增强劳动竞争力。通过上述途径的联动来提高姜家村精准脱贫的效果。

第二节　扶贫措施

对于姜家村受访的贫困户和脱贫户而言，2015 年以来最主要的扶贫措施为"列入低保边缘户，帮扶措施待定"，其次是"公共服务和社会事业"。"列入低保边缘户，帮扶措施待定"是一种临时性的过渡扶贫措施，对于数量如此多的帮扶措施待定贫困户，尚需进一步拟定并实际推行帮扶措施。

如图 4-2 所示，公共服务和社会事业，以低保补助为主，共 12 户村民获得了低保补助，其中 8 户居民 2016 年已经获得低保补助，所获低保补助均值为 5055 元。此外，还有 2 户村民获得医疗补助，2016 年的补助均值为 2400 元，1 户村民获得教育补助，2016 年家中 2 名孩子共获得 3000

元补助。

有 3 户村民获得基础设施建设帮扶，其中 1 户获得了自来水入户、入户路和基本农田改造帮扶，2 户贫困户家庭接受了基本农田改造和通村公路帮扶，其中 2 户认为基础设施建设帮扶效果非常满意，另 1 户则认为效果一般。通过易地搬迁进行扶贫的有 2 户，补助金额占搬迁总金额的 10% 以上，搬迁扶贫满意程度很高。

带动就业方式扶贫措施则较为一般，仅 1 户村民早在 2004 年接受了带动就业方式在县城就业，2016 年的收入为 15000 元，扶贫满意程度很高。发展生产方式扶贫 1 户，为种植业技术支持，但扶贫满意程度一般。技能培训方式同样也是在 2004 年对 1 户村民的电子零部件流水线技能进行培训，学制 4 年，该村民已成功就业，效果很好。

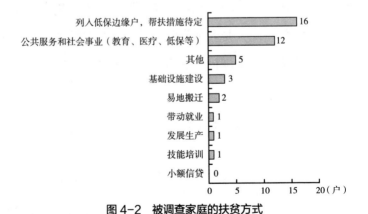

图 4-2　被调查家庭的扶贫方式

注：扶贫方式可多选，因此可能一户家庭拥有多种扶贫方式。

资料来源：精准扶贫精准脱贫百村调研 – 姜家村农户问卷。

第三节 脱贫情况

4户脱贫户中的2户首先在2009年完成脱贫，另外2户分别在2015年和2016年完成脱贫。4户人家均对脱贫程序表示满意，在认定脱贫时村干部来家调查，脱贫户签字盖章，脱贫名单进行公示。对脱贫结果而言，4户脱贫户也都表示满意。我们在问卷中重点考察了村民对于脱贫效果的评价，包括姜家村贫困户和脱贫户对贫困户选择、扶贫措施和扶贫效果等的满意度评价。

一 本村贫困户的选择是否合理

参与调查本问题的村民共计35户，其中绝大多数为贫困户或脱贫户，从图4-3中可以看出，本村贫困户以及脱贫户均认为贫困户的选择是合理的，其中60%的受访者

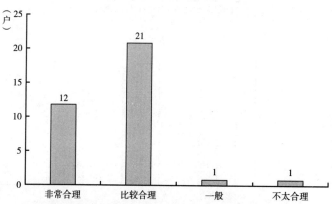

图4-3 被调查家庭对本村贫困户的选择是否合理的评价

资料来源：精准扶贫精准脱贫百村调研–姜家村农户问卷。

认为比较合理，34.3% 的受访者认为非常合理，仅 1 户认为不太合理，此户人家为回答本问题唯一的非贫困户。

二 扶贫项目和扶贫措施是否适合

关于对本村的扶贫项目的评价，61.8% 的贫困户和脱贫户认为政府为本村安排的扶贫项目是比较适合的，29.4% 的贫困户和脱贫户则认为非常适合，整体来看，这一比例高于为本户安排的扶贫措施的评价。因其中有一户是非贫困户，不涉及该问题，因而该项实际参加调查户数为 34 户。

至于对本户安排的扶贫措施，大部分贫困户和脱贫户认为政府为其安排的扶贫措施是合适的，其中 52.9% 认为较为适合，29.4% 认为非常适合，此外，分别有 3 户认为政府为其安排的扶贫措施一般或者说不清（见图 4-4）。

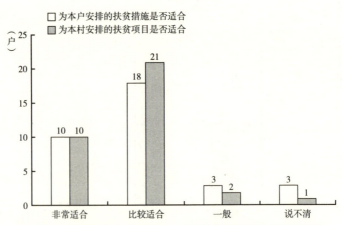

图 4-4 被调查家庭对本村和本户的扶贫措施是否适合的评价

资料来源：精准扶贫精准脱贫百村调研－姜家村农户问卷。

三 扶贫效果如何

该项对 34 户建档立卡户进行了调查。图 4-5 中可见，与对扶贫措施的评价相比，贫困户和脱贫户村民对扶贫效果的评价相对较低。对于"扶贫效果如何"，有 2 户未做回答。超过 50% 的受访贫困户和脱贫户村民认为，到目前为止，本村和本户的扶贫效果一般，仅有 26% 左右的受访者认为扶贫效果非常好。

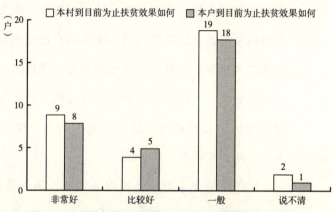

图 4-5 被调查家庭对本村和本户扶贫效果如何的评价
资料来源：精准扶贫精准脱贫百村调研 - 姜家村农户问卷。

从具体内容上分析，人们的饮食安全、义务教育、卫生医疗、社会保险都成为农村居民的担忧因素。从家庭贫困类型来看，贫困户家庭的户均林地和园地面积分别为 5.45 亩和 0.05 亩，低于非贫困户的 7.88 亩和 0.97 亩，以及脱贫户的 6.50 亩和 0.53 亩。而贫困户的户均耕地面积 1.11 亩，低于非贫困户的 1.38 亩，却高于脱贫户的 0.87 亩。贫困户所拥有的林地和耕地面积相对非贫困户更低，一方面导致贫困户家庭农林业收入更低加剧贫困，另一方面是贫困户家庭劳动力不足而难以使用更多的林地和耕地。

我们根据被调查对象对当前生活的满意程度和幸福感评分的结果计算其均值，贫困户对家庭收入的不满意程度最高。而对于生活现状的满意程度和幸福感进行评分的结果显示，脱贫户的不满意程度反而最高，其次是贫困户和非贫困户。三种类型的家庭均对居住环境满意度最高，其中非贫困户＞脱贫户＞贫困户。

从调查结果来看，参加不同种类保险的受访者之间确实存在贫困差异，其中参加城镇居民医保、职工医保和城乡居民基本养老保险的受访者中贫困户的比例最低，参加新农合和城乡居民基本养老保险的受访者最多，贫困户的比例也更高，而在并未购买养老保险的受访对象中，非贫困户的比例反而较高，这可能是因为部分受访者年龄较小，正处于青年或少年时期。

从务工情况来看，乡镇内务工的贫困率最低。可见，大力发展当地经济，推动就地城镇化，创造就业岗位；同时通过职业技术培训，提高劳动技能，鼓励劳动力就地就业，可能是促进脱贫的可行政策之一。

受访对象的劳动和自理能力对贫困同样具有明显的影响。普通全劳动力中非贫困户的比例最高，无劳动能力但有自理能力的受访对象中贫困户的比例最高，而无自理能力的受访对象均为贫困户。脱贫户中，同样也是普通全劳动力的占比最高。

受访对象的健康情况对贫困具有明显的影响。患有大病和残疾的村民共22人，其中18人是贫困户，3人是脱贫户，仅 1 人是非贫困户。患有长期慢性病的村民中，半数以上也属于贫困户。身体健康的村民则大多为非贫困户，而且脱贫的概率更高。

此外，调查发现，当年是否参加体检，与受访对象是否为贫困户并无明显关系。

从被调查对象的主要社会身份来看，普通村民中属于贫困户的共 56 人，略多于非贫困户 47 人，并有 8 人脱贫。村民代表共 4 人，均为非贫困户；村干部 1 人，为贫困户。主要社会身份为其他的 16 人中，非贫困户占比最高，共 10 人。

通过问卷分析可发现，受教育程度越高的群体，贫困的比例越低。中专以上学历的受访对象中并不存在贫困户，初中和高中学历的受访对象中贫困户的比重相对较低，而小学学历的受访对象是贫困户总数最多的群体，文盲的 18 名受访对象中，有 15 人为贫困户，占比最高。未婚人群中非贫困户和脱贫户的占比相对较高，而丧偶、离异和同居人群中贫困户的比例高于非贫困户。受调查者中丧偶者共 18 人，有 14 位女性和 4 位男性，其中 11 人属于贫困户，有 10 人为女性，由此推断，丧偶的中老年女性在失去丈夫和主要生活来源后，更容易陷入贫困。

整体来看，尽管针对姜家村贫困户的扶贫脱贫工作已经非常努力，但扶贫措施尚不十分完善，仍需进一步规划落实，实现精准脱贫的目标。如何根据现有扶贫措施，进一步推动当地贫困户村民脱贫，提高扶贫效果，是姜家村脱贫政策需要关注的重点。从上文致贫原因的分析上看，姜家村扶贫脱贫的最主要方向应当是依托更完善和全面覆盖的农村医疗保险、发展本地特色产业以及劳动力技能培训等多项政策的联动来提高姜家村精准脱贫的效果。根据调查问卷和入户深访的结果，并结合姜家村的资源禀赋，绿色扶贫和健康扶贫政策联动是其实现脱贫和可持续发展的最优路径，这也是干部和村民的真实心声。

第五章

实现脱贫和进一步发展的路径：
绿色扶贫 + 健康扶贫

问卷调查的结果支持了我们对姜家村贫困状况的初步评估，即在浙江省人均收入位于全国前列的条件下，的确，无论从全省 GDP 还是人均 GDP，也无论是从城镇还是农村人均收入的角度来衡量，浙江省均位居全国前列。由此，改革开放以来，浙江与其他几个省市（如江苏、上海等）成为"经济繁荣"的代名词。然而这种以平均值为变量的测量标准，在均值高而方差大的情况下，仅仅展示了地区繁荣的一面，在漂亮的平均数据掩盖下，发达地区的少部分偏僻贫困村则成为阳光照射不到的角落，位于浙西南山区的龙游县姜家村就是典型的被繁华掩盖的贫困。

从村问卷数据上看，姜家村作为龙游县的竹海之村、黄茶之村，是有着绿色发展的自然资源禀赋的。我们对农户的入户深访和问卷上显示，村民普遍期盼绿色扶贫，同时针对村里因病残致贫的现象，大家对健康扶贫持有较高的预期。可见，绿色扶贫和健康扶贫是姜家村实现脱贫和进一步发展的路径选择。此外，针对姜家村产业碎片化无法形成规模效应，以及应对市场冲击的现状，围绕绿色产业发展农村合作社也是一项切合实际的选择。

第一节　健康扶贫

一　健康扶贫的含义与政策措施

2015 年，国务院扶贫办宣布，我国扶贫标准为年人均纯收入 2800 元。健康贫困是指居民参与健康保障的机会丧失，获得基本医疗卫生服务的能力被剥夺，导致健康水平低下，并进一步导致居民收入减少、贫困的发生和加剧。[①] 因此，相应地，健康扶贫即通过有效的政策措施和行动来提升贫困人口的医疗卫生服务能力，保障他们能够享有基本医疗卫生服务和健康保障，全面提升贫困人口的健康水平，消除和防止因病致贫、因病返贫的现象。为此，低收入人口、残疾人、重大疾病患者、长期慢性病患者、老年人、流动人口、留守儿童等特殊群体是健康扶贫的重

① 胡鞍钢、孟庆国:《消除健康贫困应成为农村卫生改革与发展的优先战略》，《中国卫生资源》2000 年第 6 期，第 245~249 页。

点对象。

扶贫脱贫是我国可持续发展的核心目标，自 1978 年改革开放以来，城乡居民逐步实现小康，然而由于我国人口基数大，因病致贫、因病返贫的发生率整体较高，尤其在农村，医疗保险以及卫生设施等公共服务体系尚不完善，农村居民健康问题致贫的概率相对城镇更高。对此，"健康扶贫"逐渐发展成一个重要的扶贫路径。早在 2002 年初，中国初级卫生保健基金会与中国红十字基金会在中共中央统战部、农工党中央、卫生部、文化部、国家食品药品监督管理局、国家邮政局等党政部门的支持下，推出了为期十年的大型公益活动——"中国健康扶贫工程"。该活动旨在通过开展系列化公益服务项目，推动中国基层及农村贫困地区的医疗卫生保健事业，缩小城乡居民的健康差距，改善弱势人群的生存质量，彰显"人人健康"的社会公平与公正，逐步消除因生病导致的贫困和因为生病而贫困。其中的"社区疾病防治""资助基层卫生人员培训""资助基层卫生机构服务能力建设"等公益项目已覆盖全国 29 个省 100 余地市 800 余县（市）区；直接惠泽人口 8000 万人；实现公益规模 20 亿余元，收到较好地社会反响。①

国务院于 2015 年 12 月推出"脱贫攻坚七大行动"（即教育扶贫、健康扶贫、金融扶贫、交通扶贫、劳务

---

① https://baike.baidu.com/item/%E4%B8%AD%E5%9B%BD%E5%81%A5%E5%BA%B7%E6%89%B6%E8%B4%AB%E5%B7%A5%E7%A8%8B/8015735?fr=aladdin，最后访问日期：2017 年 5 月 31 日。

协作对接、百县万村、万企帮万村）等全国脱贫攻坚行动。在 2015 年全国扶贫开发工作会议上，国务院扶贫办主任刘永富阐释了扶贫特惠政策举措，"从学前教育到高等教育，让贫困户子女都能享受公平有质量的教育，发展职业教育，努力阻断贫困代际传递；出台特惠政策举措，从防病到治病，从新农合到大病保险到医疗救助，从改善医疗设施到培养医疗人才，为贫困地区贫困人口编织有力的保障网，着力解决因病致贫、因病返贫问题；出台系列特惠金融政策，发行金融债券，努力化解贫困户和扶贫龙头企业贷款难、贷款贵问题，支持贫困群众通过发展产业脱贫，支持地方政府集中力量办大事；出台特惠政策举措，支持贫困地区重大交通项目建设，重点帮助贫困村全面解决通村路、村组路硬化问题；出台特惠政策举措，支持贫困人口转移就业，鼓励东部地区和大中城市吸纳贫困劳动力就业，提供配套服务，促进贫困人口通过转移就业脱贫；组织 68 家央企，改善 108 个贫困老区县基础设施，解决 10000 个贫困村贫困群众的水、电、路等问题，实现率先脱贫；组织万家以上民营企业与贫困村建立结对帮扶关系，不脱贫不脱钩。"[①] 可见，健康扶贫工程的核心内容是保障贫困地区和贫困人口享有基本医疗卫生服务，防止因病致贫、因病返贫，这也是实现"健康中国 2030"的必经之路。

① 《2016 年脱贫攻坚将开展七大行动》，中国经济网，http://politics.people.com.cn/n1/2015/1225/c70731-27973627.html，登录时间：2017 年 5 月 31 日。

为全面推进和落实健康扶贫工作，2016 年 6 月 21 日，国家卫生计生委等 15 个部门联合印发了《关于实施健康扶贫工程的指导意见》（国卫财务发〔2016〕26 号）（以下简称《指导意见》），按照党中央、国务院决策部署，坚持精准扶贫、精准脱贫基本方略，与深化医药卫生体制改革紧密结合，针对农村贫困人口因病致贫、因病返贫问题，突出重点地区、重点人群、重点病种，进一步加强统筹协调和资源整合，采取有效措施提升农村贫困人口医疗保障水平和贫困地区医疗卫生服务能力，全面提高农村贫困人口健康水平，为农村贫困人口与全国人民一道迈入全面小康社会提供健康保障。作为全国脱贫攻坚七大行动之一的健康扶贫工程，成为精准扶贫的重要组成部分。《指导意见》对健康扶贫的基本原则、主要目标和重点任务都做了说明。[①]

在基本原则中，《指导意见》提出坚持"精准扶贫、分类施策""资源整合、共建共享""问题导向、深化改革"三大原则。坚持"精准扶贫、分类施策"即在核准农村贫困人口因病致贫、因病返贫情况的基础上，采取一地一策、一户一档、一人一卡，精确到户、精准到人，实施分类救治，增强健康扶贫的针对性和有效性。坚持"资源整合、共建共享"是以提高农村贫困人口受益水平为着力点，整合现有各类医疗保障、资金项目、人才技术等资源，引导市场、社会协同发力，动员农村贫困人口

[①] 国家卫生计生委等:《关于实施健康扶贫工程的指导意见》（国卫财务发〔2016〕26 号），http://www.nhfpc.gov.cn/caiwusi/s7785/201606/d16de85e75644074843142dbc207f65d.shtml，登录时间：2017 年 5 月 31 日。

积极参与，采取更贴合贫困地区实际、更有效地政策措施，提升健康扶贫整体效果。坚持"问题导向、深化改革"，重在针对贫困地区医疗卫生事业发展和农村贫困人口看病就医的重点难点问题，加大改革创新力度，加快建立完善基本医疗卫生制度，切实保障农村贫困人口享有基本医疗卫生服务。

《指导意见》提出了健康扶贫的主要目标：到2020年，贫困地区人人享有基本医疗卫生服务，农村贫困人口大病得到及时有效救治保障，个人就医费用负担大幅减轻；贫困地区重大传染病和地方病得到有效控制，基本公共卫生指标接近全国平均水平，人均预期寿命进一步提高，孕产妇死亡率、婴儿死亡率、传染病发病率显著下降；连片特困地区县和国家扶贫开发工作重点县至少有一所医院（含中医院，下同）达到二级医疗机构服务水平，服务条件明显改善，服务能力和可及性显著提升；区域间医疗卫生资源配置和人民健康水平差距进一步缩小，因病致贫、因病返贫问题得到有效解决。

围绕健康扶贫的主要目标，《指导意见》也明确了健康扶贫的重点任务。

提高医疗保障水平，切实减轻农村贫困人口医疗费用负担。新型农村合作医疗覆盖所有农村贫困人口并实行政策倾斜，个人缴费部分按规定由财政给予补贴，在贫困地区全面推开门诊统筹，提高政策范围内住院费用报销比例。2016年新型农村合作医疗新增筹资主要用于提高农村居民基本医疗保障水平，并加大对大病保险的支持力度，通过逐步降低大病保险起付线、提高大病保险报销比例等，实施更加精准的支付政策，提高贫困人口受益水平。加大医疗救助力度，将农村贫困人口全部纳入重特大疾病医疗救助范围，对突发重大疾病暂时无法获得家庭支持、基本生活陷入困境的患者，加大临时救助和慈善救助等帮扶力度。建立基本医疗保险、大病保险、疾病应急救助、医疗救助等制度的衔接机制，发挥协同互补作用，形成保障合力。将符合条件的残疾人医疗康复项目按规定纳入基本医疗保险支付范围，提高农村贫困残疾人医疗保障水平。扎实推进支付方式改革，强化基金预算管理，完善按病种、按人头、按床日付费等多种方式相结合的复合支付方式，有效控制费用。切实解决因病致贫、因病返贫问题。

分类救治，即对患大病和慢性病的农村贫困人口进行分类救治，优先为每人建立1份动态管理的电子健康档案，建立贫困人口健康卡，推动基层医疗卫生机构为农村贫困人口家庭提供基本医疗、公共卫生和健康管理等签约服务。以县为单位，依靠基层卫生计生服务网络，进一步核准农村贫困人口中因病致贫、因病返贫家庭数及患病人员情况，对需要治疗的大病和慢性病患者进行分类救治。其中对农村残疾人的扶贫提供了专门服务，加强农村贫困残疾人健康扶贫工作，对贫困地区基层医疗卫生机构医务人员开展康复知识培训，加强县级残疾人康复服务中心建设，提升基层康复服务能力，建立医疗机构与残疾人专业康复机构有效衔接、协调配合的工作机制，为农村贫困残疾人提供精准康复服务。

实行县域内农村贫困人口住院先诊疗后付费。贫困患者在县域内定点医疗机构住院实行先诊疗后付费，定点医疗机构设立综合服务窗口，实现基本医疗保险、大病保险、疾病应急救助、医疗救助"一站式"信息交换和即时结算，贫困患者只需在出院时支付自负医疗费用。有条件的地方要研究探索市域和省域内农村贫困人口先诊疗后付费的结算机制。推进贫困地区分级诊疗制度建设，加强贫困地区县域内常见病、多发病相关专业和有关临床专科建设，探索通过县、乡、村一体化医疗联合体等方式，提高基层服务能力，到2020年使县域内就诊率提高到90%左右，基本实现大病不出县。

加强贫困地区医疗卫生服务体系建设。落实《国务院办公厅关于印发全国医疗卫生服务体系规划纲要（2015~2020年）的通知》（国办发〔2015〕14号），按照"填平补齐"原则，实施贫困地区县级医院、乡镇卫生院、村卫生室标准化建设，使每个连片特困地区县和国家扶贫开发工作重点县达到"三个一"目标，即每个县至少有1所县级公立医院，每个乡镇建设1所标准化的乡镇卫生院，每个行政村有1个卫生室。加快完善贫困地区公共卫生服务网络，以重大传染病、地方病和慢性病防治为重点，加大对贫困地区疾控、妇幼保健等专业公共卫生机构能力建设的支持力度。加强贫困地区远程医疗能力建设，实现县级医院与县域内各级各类医疗卫生服务机构互联互通。积极提升中医药（含民族医药，下同）服务水平，充分发挥中医医疗预防保健特色优势。在贫困地区优先实施基层中医药服务能力提升工程"十三五"行动计划,在乡镇卫生院和社区卫生服务中心建立中医馆、国医堂等中医综合服务区,加强中医药设备配置和人员配备。

结对帮扶。实施全国三级医院与连片特困地区县和国家扶贫开发工作重点县县级医院一对一帮扶。从全国遴选能力较强的三级医院(含军队和武警部队医院),与连片特困地区县和国家扶贫开发工作重点县县级医院签订一对一帮扶责任书,明确帮扶目标任务。建立帮扶双方远程医疗平台,开展远程医疗服务。贫困地区政府及相关部门、单位要提供必要条件和支持。

统筹推进贫困地区医药卫生体制改革。深化贫困地区公立医院综合改革,协同推进医疗服务价格调整、医保支付方式改革、医疗机构控费、公立医院补偿机制改革,加强医院成本管理。拓展深化军民融合发展领域,驻贫困地区军队医疗机构要融入贫困地区分级诊疗服务体系。创新县级公立医院机构编制管理方式,逐步实行编制备案制。贫困地区可先行探索制定公立医院绩效工资总量核定办法,合理核定医疗卫生机构绩效工资总量,结合实际确定奖励性绩效工资的比例,调动医务人员积极性。制定符合基层实际的人才招聘引进办法,落实贫困地区医疗卫生机构用人自主权。加强乡村医生队伍建设,分期分批对贫困地区乡村医生进行培训。各地结合实际,通过支持和引导乡村医生按规定参加职工基本养老保险或城乡居民基本养老保险,以及采取补助等多种形式,进一步提高乡村医生的养老待遇。加快健全贫困地区药品供应保障机制,统筹做好县级医院与基层医疗卫生机构的药品供应配送管理工作。按照远近结合、城乡联动的原则，提高采购、配送集中度，探索县、乡、村一体化配送，发挥邮政等物流行业服务网络优势，支持其按规定参与药品配送。

此外，《指导意见》对加大贫困地区慢性病、传染病、地方病的防控力度，加强贫困地区妇幼健康工作，深入开展贫困地区爱国卫生运动等方面的重点任务也做了安排，以便统筹治理贫困地区环境卫生问题，实施贫困地区农村人居环境改善扶贫行动，有效提升贫困地区人居环境质量。

二 健康扶贫在当地的应用进展

调研地姜家村所在的龙游县是较早实施健康扶贫工程项目的县级单位之一。为贯彻落实中央扶贫开发工作会议精神，助推打赢脱贫攻坚战，实施健康扶贫工程，提高低收入农户人口大病救助水平，切实缓解人口因疾病及意外而增加经济负担，造成因病、因意外返贫等现象。2016年10月龙游县率先在浙江省衢州市实施"低收入农户"特困群体精准扶贫健康保险项目，这一项目的实施以"健康保险"为主要内容，采取了以政府指导下企业介入的"政府+企业"合作模式。

2016年6月，中国人寿龙游县分公司向龙游县政府提交了关于在龙游县开展"金融助推 精准扶贫"项目的请示，得到县委批示后，召开"龙游县'二保一孤'特困群体实行大病及意外伤害保险，实施'金融助推 精准扶贫'项目讨论会",县府办、农办、人社、民政、财政、卫计、残联及中国人寿龙游县分公司参加。会议通过该项目,并建议由县扶贫办牵头,县合作医疗办配合,中国人寿龙游县分公司实施。双方签订保险合作协议(见附录)。同年10月,龙游县"二保一孤"特困群体实行大病及意外伤害保险项目正式落地,具体实施方案如下。

该项目的投保对象为龙游县境内登记在册的农村低保人员和2016年调整后的"4600"①巩固对象。其中"4600"是浙江省扶贫的基准线,指年收入在4600元(含4600元)以下。浙江省于2012年5月公布新扶贫标准为4600元(2010年不变价),属于全国省区市最高,按照这个新的扶贫标准测算,2010年,全省约350万农村人口(占全省农村总人口的10.9%)被划入需要扶持的低收入人群。浙江省新扶贫标准,无论在绝对数额上还是相对比例上,都是全国省区市最高的。从绝对数额来看,4600元比国家新扶贫标准2300元(2010年不变价)高出一倍;从相对比例来看,浙江省新扶贫标准占2010年全省农民人均纯收入的40.7%,比国家新扶贫标准占2010年全国农民人均纯收入比重高出1.8个百分点(2300元÷5919元=38.9%)。新扶贫标准的制定,与浙江省经济发达、农民人均收入连续27年位居全国省区市之首的地位是相适应的。

保险内容为保险方案涵盖参保人员初次罹患30种常见重大疾病以及意外身故(或残疾)、意外医疗费用等风

---

① http://zjnews.zjol.com.cn/05zjnews/system/2012/05/09/018474859.shtml.

险。其中，重大疾病风险保障 20000 元，意外身故（含残疾）风险保障 6000 元，疾病身故风险保障 2000 元。

保费来源：县财政扶贫办出资。以团体保单方式进行承保。

保险期限：1 年（2016 年 10 月 17 日~2017 年 10 月 16 日）。

针对健康保险，地方政府组织了相应地宣传工作使更多人知情并参与。相关的工作包括由各乡镇、街道、村扶贫助理员发放扶贫健康保险告知书 20000 余份，通过主要道路挂横幅 80 条，县广播、龙游县电视台播放广告 1 个月左右。自 2016 年 10 月项目开展以来，公司成立扶贫健康保险服务工作小组，由组长、副组长以及扶贫保险售后服务员组成。其中组长、副组长主要负责扶贫保险的政府部门对接、开展过程中的问题沟通与解决；扶贫保险售后服务员主要服务"二保一孤"对象，参与承保、保全、理赔相关服务工作，同时与县扶贫办、各乡镇街道、行政村联手做精准扶贫保险的宣传工作等。

在健康保险实施的第一个年度，龙游县参保人数为 12065 人，每人保费 82.80 元，保费共计 998982 元。投保险种为《国寿绿洲团体意外伤害保险 A 型》《国寿绿洲团体定期寿险》《国寿附加绿洲团体重大疾病保险》三种。当年的理赔情况为：截至 2018 年 8 月 28 日，2016 年度保单共计赔付 337 人，赔款 955000 元，赔付率高达 95.60%；其中意外死亡赔付 4 人，赔付金额 1.90 万元；疾病死亡赔付 318 人，赔付金额 63.60 万元；重大疾病赔付 15 人，赔付金额 30 万元。

健康保险的投入与产出情况：项目运行人力成本（公司领导、员工折合成工时工资）2 万元、宣传成本 4 万元、调查服务车辆 2 万元、保险险种税收 5 万元、公司后台营运成本 2 万元，其他费用 5 万元等，共计 20 万元左右；直接产出便是大大减少了低收入群众"因病致贫""因病返贫""因意外伤害"给家庭造成的巨大经济重创。

2017 年度，健康保险扶贫的险种增加到 4 类，在 2016 年的基础上，增加了国寿城镇居民补充团体医疗保险（2011 版），并且增设了住院医保外费用补偿款项。住院医保外费用是指参保人员在住院期间因治疗需要而实际发生的不符合医保目录的完全个人自理的医疗费用（不含美容、整形、营养、滋补等方面费用）。为防止补偿的拉动刺激医保外费用过快增长，龙游县社保局针对当年累计住院个人医保外费用达到 1000 元以上采取按低比例起补、分级累进原则进行补偿，最高以 20000 元为限。具体标准见表 5-1。

表 5-1　龙游县健康保险分级累进补充标准

每次住院医保外费用	1000.01~2000 元	2000.01~6000 元	6000.01~10000 元	10000.01~20000 元	20000 元以上
补偿比例（%）	20	25	30	35	40

资料来源：由龙游县财政局提供。

调整后，2017 年度保险人数增加至 14949 人，保费共计 190.77 万元，与 2016 年比较保费总额翻了一番。这种企业介入、依托保险的政企合作扶贫模式符合国家对扶贫攻坚的要求，也成为龙游县金融助推扶贫的新举措，在实践中受到广大低收入农户的欢迎。近两年龙游县健康扶贫保险的典型案例是大病扶贫保险。

第一例是村民邵青招的精扶健康保险大病保险。该患者家住龙游县横山镇志棠村卸厅长后村 43 号。2016 年 11 月 15 日因腹痛就诊于龙游县人民医院，确诊为结肠恶性肿瘤，在院手术治疗，医疗费用为 9 万余元。2017 年 4 月 3 日被保险人家属提交理赔申请，中国人寿龙游县分公司及时开展理赔相关工作，根据龙游县扶贫办投保的精扶健康保险大病保险责任，4 月 12 日中国人寿龙游县分公司赔付大病保险金 20000 元。被保险人邵青招除去城乡居民医疗保险赔付和扶贫健康保险的赔付金额，自理医疗费承担只剩不到 2 万元，大大减轻了因大病给家庭带来的巨大损失。家属也十分感谢政府为他们购买的该健康保险。

第二例是金荣林的精扶健康保险大病保险。该患者家住龙游县横山镇下宅村东殿巷 6 号。2016 年 12 月 6 日因身体不适，就诊于龙游县人民医院后，被确诊为膀胱恶性肿瘤，因其单身、经济条件差，在院只做抗癌治疗，总计医疗费用 6000 余元。根据龙游县扶贫办投保的精扶健康保险大病保险责任，4 月 13 日中国人寿龙游县支公司赔付大病保险金 20000 元，为金荣林后期治疗提供了一定的经济援助。

三 健康扶贫进一步发展的改进措施

龙游县扶贫健康保险模式收到显著的成效，但是目前存在的问题也很明显：一是宣传力度不够，群众知晓率低造成提交申请理赔量少；二是理赔相关手续相对烦琐，造成理赔速度慢。对此，龙游县着手一系列改进措施。

在宣传方面，继续加大健康扶贫保险政策宣传力度；通过电视、广播等媒体广泛宣传。通过县扶贫办召开各乡镇扶贫专员会议，将《健康保险告知书》《健康保险公告》张贴到村公开栏和低收入农户家中墙上；龙游电视台、农村广播投放扶贫健康保险广告。

利用政府村情通、微信等网络平台，宣传健康保险，扶贫办与政府村情通平台已开通健康保险理赔通道。

加大健康保险理赔案件的宣传力度。将健康保险理赔过程中的典型案件，通过送赔款下乡等形式报道，达到生动宣传目的。利用扶贫宣传日或上街咨询、乡镇主要道路挂横幅、海报等方式，开展扶贫健康保险宣传。

在理赔程序方面，理赔突破常规、简化流程与手续：2017年底，龙游县已组建全市理赔直付队伍，并加大理赔直付的探访力度，进一步快捷、方便理赔。理赔直付系统上线后，龙游县政府责成相关部门加强管理，确保保险公司做好健康保险的理赔服务工作。同时，在各乡镇建立低收入扶贫保险工作联络人。加大医院住院病人探访力度，从源头上加快理赔时效。

保险公司组建扶贫保险理赔工作小组，通过公司各部门人员合作，抽调理赔人员，确保解决剩余的应赔而未赔款；对已通知到位，但客户在外务工确实不方便理赔的，应保留工作痕迹。

龙游县在健康扶贫的探索中，充分发挥了政府的指导作用和央企的社会责任感，取得了较好的效果。除此以外，作为一个较为贫困的地区，要发挥健康扶贫的作用，还需要国家层面和省级层面从以下方面支持市县一级提高综合能力，从而惠及乡、镇、村的精准脱贫。

一是强化人才综合培养。支持贫困地区高等医学教育发展，引导贫困地区根据需求，合理确定本地区医学院校和医学类专业招生计划。综合采取住院医师规范化培训、助理全科医生培训、订单定向免费培养、全科医生和专科医生特设岗位计划等方式，加强贫困地区医疗卫生人才队伍建设。探索县乡人才一体化管理。根据贫困地区需求，组织开展适宜技术项目推广，依托现有机构建立示范基地，开展分级培训，规范技术应用。接收贫困地区、革命老区、民族地区和边疆地区基层医疗卫生人员到军队医学院校和医疗机构进修学习、联训代培。

二是有针对性地加强中医药适宜技术推广，到 2020年使贫困地区每个乡镇卫生院至少有 2 名医师、每个村卫生室至少有 1 名乡村医生掌握 5 项以上中医药适宜技术，为常见病、多发病患者提供简便验廉的中医药服务。充分发挥国家临床医学研究中心和协同研究网络的作用，构建推广培训服务平台，提高基层医疗卫生人员的技术水平。各地要制定政策措施，鼓励优秀卫生人才到贫困地区服务；探索基层卫生人才激励机制，对长期在贫困地区基层工作的卫生技术人员在职称晋升、教育培训、薪酬待遇等方面给予适当倾斜。

三是充分动员社会力量。完善鼓励企业、社会组织、公民个人参与健康扶贫工程的政策措施，贡献突出的，在尊重其意愿前提下可给予项目冠名等激励措施。支持各类企业进行社会捐赠，基金会设立专项基金参与健康扶贫工程，按规定落实扶贫捐赠税前扣除、税收减免等优惠政策，鼓励更多社会资本投向贫困地区，加强捐赠资金使用监管。充分发挥协会、学会等社会组织作用，整合社会资本、人才技术等资源，为贫困地区送医、送药、送温暖。搭建政府救助资源、社会组织救助项目与农村贫困人口救治需求对接的信息平台，引导支持慈善组织、企事业单位和爱心人士等为患大病的贫困人口提供慈善救助。

同时，还需要从组织制度上加以保障：一是结合贫困地区实际制定具体实施方案，明确时间表、路线图，层层落实责任，精心组织实施健康扶贫工程。县级政府要承担主体责任，将实施健康扶贫工程作为打赢脱贫攻坚战的重要举措，统筹做好资金安排、政策衔接、项目落地、人力调配、推进实施等工作，确保政策落实到位。各地要将健康扶贫工程纳入脱贫攻坚工作领导责任制和贫困地区政府目标考核管理，作为重要考核内容，细化职责分工，明确任务要求，对实施情况定期检查督促。

二是明确部门职责。扶贫办、民政局、残联会多部门联手负责开展农村贫困人口因病致贫、因病返贫情况核实核准工作。发展改革局将健康扶贫工程有关内容纳入国民经济和社会发展总体规划，加大贫困乡村的基础设施建设支持力度。教育部负责支持贫困乡村学生的高等医学教育发展，引导地方教育行政部门落实医疗卫生人才培养任务。民政局负责制定完善全县的医疗救助政策，全面开展重特大疾病医疗救助工作，提高贫困地区医疗救助水平。财政局根据工作需要和财务能力，通过现行渠道对健康扶贫工程提供资金支持。残联牵头开展残疾人基本康复服务，加强残疾人基本康复服务能力建设。

三是根据各个贫困乡村的实际情况和民众的切实需求，因地制宜创新健康扶贫形式和途径。各地要以解决因病致贫、因病返贫问题为重点，结合实际积极探索，统筹配置和使用相关资金，提高使用效率，推动实施健康扶贫工程。通过深化改革，激发实施健康扶贫工程的动力，通过健康扶贫与相关特色产业脱贫、劳务输出脱贫等措施的衔接，形成合力，提高脱贫攻坚实际效果。

第二节　绿色低碳扶贫

一　绿色低碳扶贫的定义

王晓毅认为，农村贫困与生态环境恶化有着密切的共生关系，一方面生态环境脆弱是贫困的重要原因，另一方面贫困加剧了生态环境的破坏。精准扶贫和生态环境保护是贫困地区面临的两个重要任务，生态环境保护要促进精准扶贫，扶贫要推动环境保护，因此环境保护和扶贫共同构成了绿色减贫。他提到，20世纪80年代和90年代，我们对环境保护重视不足，许多地方的经济发展方式粗放，大量森林被砍伐，草地出现退化，一些湿地被开垦，河流污染严重。以牺牲环境为代价的发展尽管可能在短时间内获得较快的经济增长，但生态环境的破坏会进一步加剧贫困。比如，草原退化造成以依赖草原为生的牧民陷入贫困，沙漠化严重影响了当地农村居民的生存。可见，贫困地区的发展，如果不重视环境保护便不可持续。因而，扶贫必须秉持绿色发展的理念。在绿色扶贫实践中，我国已形成以生态环境建设保护、易地搬迁、绿色产业三种方式相互结合，政府主导、私营部门和贫困人群参与，市场完善和绿色资产建设同步进行的绿色减贫模式。[1] 对于罗家乡姜家村来说，由于本地村民对环境保护一直很重视，也不存在易地搬迁的问题，适合他们的绿色低碳扶贫模式主要是结合本地资源特点、推动生态农业等绿色低碳产业的发展。

二 绿色低碳扶贫是龙游县姜家村的发展诉求

由第三章"姜家村村民绿色低碳意愿调查及其与城镇居民的比较"的分析可发现，乡村居民长期在农村生活，与自然环境更加贴近，具有更强烈的气候环境保护意识。从总体上看，村民较城镇居民的奢侈消费更低，低碳意愿

---

[1] 王晓毅:《积极推动精准扶贫与绿色发展相结合》,《中国社会科学报》2017年12月15日。

更加显著，并且传统地方知识应用显著高于城镇居民。因此，结合浙江省衢州市的低碳城市建设，在对姜家村美丽乡村建设以及精准脱贫、精准扶贫的过程中更多地介入绿色低碳扶贫就有较强的政策意义。

绿色扶贫既是龙游县姜家村发展的最优途径，也是村民的强烈诉求。习近平总书记在 2007 年考察罗家乡的讲话中指出，"山区的优势还是靠山吃山、因地制宜地去发展特色产业。罗家乡的优势就是山林、毛竹、茶叶。其次要咬住青山不放松，锲而不舍，把当地的资源优势充分地利用起来"。习近平总书记还重点提到，"欠发达地区、山区的增长空间很大，大有可为。如毛竹一身是宝，通过精加工，增值的空间很大……山区资源极其丰富，何止毛竹，还有中药材、高山蔬菜等。要充分利用我们的山地资源，高山小气候优势，开辟一些新的增收领域……要发展生态型的工业"。

在习近平总书记 2007 年考察讲话精神的指引下，姜家村立足山区的生态资源，一直朝着绿色产业的方向努力。近年村"两委"主要集中于将绿色资源转化为绿色产业，包括下述方面。

（一）竹产业发展

全村竹产业主要生产扫帚和压板席，总共 13 户 72 人，厂房面积约 5000 平方米，主要设备有切割机、剖篾机、拉丝机、编织机等。设备投资 22 万元，工业产值 295 万元，利税总额 20 万元，年发放工资 61.2 万元，产品主要销往杭州、金华、义乌、兰溪、龙游、溪口、席家村等地。

围绕着毛竹资源的开发利用，该村以村民蒋连根为带头人，30年来形成了以毛竹剩料为原料的循环经济产业：毛竹合理砍伐后的枝丫用来制作扫把，剩下的叶子给村民当作炊事燃料，竹子用来加工竹席等，变废为宝。同时这一简单的产业链，规模逐步扩大，目前能够吸纳本村大约30个劳动力，根据计件工资计算，每天工资报酬为150~300元，得到当地村民的极高评价。

（二）茶加工产业的发展

姜家村的茶叶采摘和加工有着近百年的历史，从一家一户的自给自足型茶叶加工发展成近年来零散的小规模茶叶加工场。每逢开茶季节，村民就成群结队地在茶园采摘新芽，采茶工工资为150~300元/（人·天）。下一步姜家村还将以调整产业结构为突破口，大力扶持种植无性系良种茶，利用好乡政府出台的扶持政策，以罗姜公路沿线为茶叶发展重点，计划新发展80亩优质茶叶。

近年来，为了推动村里特色绿色产业的发展，龙游县加大了对黄茶种植和加工的扶持力度。2016年、2017年，村民每种植一亩黄茶能够得到补贴1800元，2018年为1200元/亩，分两年补。村民种植黄茶的人工成本、茶苗成本（超过1000元/亩）等为平均1800元/亩左右，因此补贴能够覆盖大部分成本。在政府的大力推动下，村民黄茶种植的积极性得以提高，全村现有茶叶面积750亩，其中黄茶500余亩，种植黄茶的茶农发展到 60 余户。种植完成后，有 3~5 年的生长期，每年维护的成本在 2500 元左右。进入茶叶生产之后，每年能够产干茶 40 斤 / 亩，干茶价格在 1000~2000 元 / 斤，因此每亩平均利润为 4 万 ~8 万元。

（三）花卉苗木与水果栽培

2000 年以来，姜家村村民蒋秋生、宋志良、姜樟树等开始种植花卉苗木，蒋连根在原来竹扫把加工的基础上，进一步发展了猕猴桃、树莓等水果栽培。但是在访谈中我们得知，尽管花卉苗木本身可以给人们带来赏心悦目的视觉和心理享受，有助于美化村庄，但是销售是一大难点，由于没有形成固定的有效销售渠道，目前他们基本上是通过周围亲戚朋友的各种联系进行零售，造成花卉苗木成苗的积压。

水果种植也同样面临难题，除了销售问题之外，水果产出很不稳定。据村民反映，由于坚持不施肥不施农药，2017 年猕猴桃由于病虫害，几乎绝收，猕猴桃树也枯死了将近一半。因此，村民对于发展花卉苗木与水果栽培尚有较多顾虑，希望政府能够在技术与资金以及销售渠道上给予相应的扶持。

三 姜家村发展绿色产业面临的问题及解决的思路建议

在党的十八届五中全会上，习近平同志提出"创新、协调、绿色、开放、共享"的新发展理念，将绿色发展作为关系我国发展全局的一个重要理念，并将作为"十三五"乃至更长时期我国经济社会发展的一个基本理念。党的十九大报告进一步强调要推动绿色发展，形成绿色发展方式和生活方式。绿色产业是与生态环境保护要求相适应的产业，绿色产业的发展不仅为贫困人口增加了收入，而且维护和改善了生态环境。如种植结构的调整，生态脆弱地区停止种植容易造成水土流失的谷物，转而发展经济林果，能够有效地减少水土流失，并可以提高产品价值。循环农业的应用能够实现对农业生产剩余物的资源化和利用，从而提高农业资源的使用效率，并减少环境污染。如利用秸秆和果树枝条生产食用菌培养基，在增加农民收入的同时，也减少了环境污染。可见，绿色发展将在我国产业扶贫进程中承担着不可或缺的角色，又由于在现有技术和资源环境的条件下，绿色生态产品的成本大于普通产品，需要通过政府的力量推动绿色产品的市场建设，一方面为绿色生态产品的销售提供渠道，另一方面更要为村民提供必要的技术培训和支持，通过市场实现绿色产品的内在价值。

对姜家村而言，生态保护是乡村进一步发展的必要条件，而以绿色产业主导的绿色扶贫是最优路径。然而，尽管姜家村具有绿色产业发展的显著资源禀赋优势，但由于缺乏足够的资金、技术与政策的支持，该村的绿色产业发展一直是以类似小型家庭作坊的模式运营，村民之间生产要素分散，单个家庭的毛竹加工、产业生产、花木培植，以及水果种植等都呈现碎片化的状态，无法形成规模经济，无法对资源实现有效的利用，生产力低下，应对市场变化的能力有限，无法承担对整个村庄乡村经济发展的拉动作用。要使姜家村沿着绿色发展的途径建成现代化的美丽乡村，则需要围绕该村的特色资源优势，有效地实施绿色扶贫的政策措施。

绿色产业目前在姜家村的发展遇到的技术、资金和销售等典型问题，都需要政府的政策支持加以解决。由于生态保护的投资，以及绿色扶贫所需要的基础设施投资均具有公共产品性质，并且投入大、回报周期长，必须有政府的介入。具体来说，政府引导、科研机构支持、企业等社会力量参与和以村"两委"为后盾，围绕绿色产业建立和发展股份合作社，是农民实现现代化经营的有效模式。政府、村民和村"两委"、产业协会是推动贫困村绿色产业走向市场的四大主体（见图5-1）。

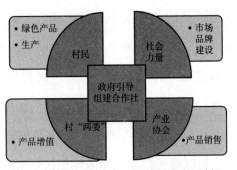

图5-1　姜家村绿色产业品牌创建路径选择

上述问题的缓解都需要政府在技术、人才与资金上的支持。在生产上，不仅需要政府的进一步支持，还需要社会各种力量的投入，以及与周围乡村的联合，以便扩大生产规模，降低单位成本。在销售上，通过各种社会力量的支持，如通过互联网技术，利用微商、巢状市场等方式减少中间环节，将贫困地区的有机绿色产品直销给消费者。

优质安全农产品是在源头严格的监管中生产出来的，保障食品安全，保障健康，最重要的群体还是农民。作为贫困村，姜家村绿色产品的市场冲击力在于"生态""绿色"，农产品必须坚持"六不用"，即不用农药、不施化肥、不喷除草剂、不要农膜、不施用激素、不用转基因种子，[①]以便建成有机绿色农产品的安全基地，此外，通过有机产品的认证，才能最终实现绿色产品的市场价值，提高绿色资产的回报率。绿色产品的前提是绿色资产，只有提高绿色资产的回报水平，才能更好地发挥绿色减贫的作用。

山林、农地和水面等自然资源都是绿色资产，保护了环境也就是确保了它们的保值和升值。现在的土地流转价格和生态保护补偿都还不足以体现这些资产的价值，需要通过提高资产的回报率，以更好地发挥扶贫的作用。绿色有机产品的市场价格应该覆盖产品的多项价值，不仅要体现经济价值，而且应体现环境保护、资源保护的价值，如利用秸秆和果树枝条生产食用菌的培养基，其价值不仅体现在产品上，更重要的是在生产过程中利用了大量的农业生产剩余物，从而减少了污染，保护了环境。[②]又如"六不用"农产品有助于维护消费者的健康和生活质量，因此，市场价格还必须体现产品的这部分社会价值。总之，只有

---

① 蒋高明：《优质农产品不是认证出来的》，http://blog.sciencenet.cn/blog-475-797896.html，登录时间：2018年5月31日。

② 王晓毅：《积极推动精准扶贫与绿色发展相结合》，《中国社会科学报》2017年12月15日。

绿色产品的全部价值在市场价格中得以体现，才能使贫困村绿色产业的发展具有可持续性。这就亟须各项有效的支持政策作为保障，如在政府采购环节，提高贫困区绿色产品的配额，从而使来自贫困区的绿色产品更多地被消费者熟知，逐步提高市场占有率。

第三节　建立和发展农村合作社

一　股份合作制的定义

股份制是按照一定的法定程序，通过发行股票筹集资本，创立法人企业，对生产要素实行社会占有和联合使用。该企业拥有独立的法人财产，是一个独立的自主经营、自负盈亏的经济实体。股份制既是现代企业的一种资本组织形式，又是一种产权制度。[①] 股份制亦称"股份经济"，是指以入股方式把分散的、属于不同人所有的生产要素集中起来，统一使用、合理经营、自负盈亏，并且按股分红的一种经济组织形式。其基本特征是生产要素的所有权与使用权分离，在保持所有权不变的前提下，把分散的使用权转化为集中的使用权。有助于把分散的、不同层

① 于纪渭：《股份制经济学概论》（第六版），复旦大学出版社，2011，第36页。

次、不同水平的生产力迅速联合成集中的、高层次的、集约的社会生产力。

股份合作社，即股份制与合作制的结合体。股份制，投资者按照入股份额参与企业的管理与利润分配，同时承担有限的经济责任，强调的是资本合作。合作制，是人们为了满足共同的经济、社会与文化需求目的而自愿联合，实行自主经营管理、互助合作、"一人一票"的民主，是以成员的按劳分配为主的一种经济组织制度。[①]可见，股份合作社正是应用了股份制的主要运营方式，同时又保持了我国特有的集体经济"合作制"特点的一种综合经济组织形式，尤其是区别于现代企业意义上的股份制，即股东按持股比例大小享有管理权、投票权和话语权，股份合作社则是每户一票，这种安排保证了小户或贫困户参与合作社管理的平等权益和积极性。如图5-2所示。

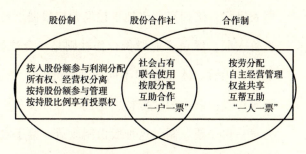

图 5-2　股份合作社对于股份制与合作制的综合改造
资料来源：笔者自制。

---

① 傅晨：《中国农村合作经济：组织形式与制度变迁》，中国经济出版社，2006，第 136 页；刘文华主编《经济法》（第四版），中国人民大学出版社，2012，第 142~143 页。

二 绿色产业股份合作社在姜家村的适用性分析

股份制改造的核心机制就是生产要素以股份的形式从分散到集中，从而所有权与经营权分离，对生产要素实现更有效地利用。我国典型的农村股份合作制主要有企业型股份合作制、社区型股份合作制以及土地股份合作制三种形式。[①] 根据姜家村的发展阶段，绿色产业股份合作社适应的模式相当于后两者的综合体。由于姜家村村民之间生产要素的分散，单个家庭的毛竹加工、产业生产、花木培植，以及水果种植等都呈现碎片化的状态，无法形成规模经济，无法对资源实现有效地利用，生产力低下，无法应对外部市场冲击。而在股份制模式下，保持茶树、果树、山林、水田等生产资料的经营权和牲畜所有权不变，将上述生产要素作价入股，进行整合，开展规模化和集约化经营，正好符合村民的利益，同时也避免了田地、山林等外租而导致的土地山林退化现象。类似于土地股份合作社的做法，即农民将合法拥有的土地承包经营权根据土地用途和收益折价入股，绿色产业股份合作社则是将合法拥有的茶树、果树、山林、水田根据不同的质量定价，然后折价入股；同时将股份制中的"按持股比例享有管理及投票权"改造为"一户一票"制。这种股份制改造，鉴于农业社会中传统的经济文化习俗，既巩固了互助合作的发展需求，又消除了村民对茶树、果树、山林、水田等所有权问题的忧

---

① 王玉梅：《从农民到股民农村社区股份合作社基本法律问题研究》，中国政法大学出版社，2015。

虑。因此，股份合作制改造既有助于姜家村走出绿色产业发展碎片化的瓶颈，又符合当地村民的心理特点，是与该村的客观条件相契合的。

三 绿色产业股份合作社的运营模式

根据现代合作社管理中"股东自愿""退股自由""民主管理"的原则，姜家村可以考虑根据本村的资源禀赋优势，按照股份合作制经营模式，引导村民将茶树、果树、山林、水田等生产要素以入股方式成立绿色产业股份合作社。以茶叶加工为例，目前茶叶加工以单个农户独立经营的模式碎片化的存在于全村，为了达到规模效应，建议建立茶叶加工合作社。具体的运营模式可设置为组建、管理、经营和分配四个步骤。

（一）茶叶加工生产要素折价入股

具体的入股一般采用茶园入股方式，根据自愿加入的村民讨论后确定每股的标准（即所包含的要素数量），以及每股折算的人民币金额。比如，茶园入股按照当地茶园承包使用权的折价标准按亩计算〔一般是 1000 元/（亩·年）〕然后计算茶园总入股亩数、总折股数和折股总金额。茶园入股流程见图 5-3。

（二）合作社的管理模式：细化制度、民主管理

茶叶加工合作社在从单户茶农经营方式转向资源集约

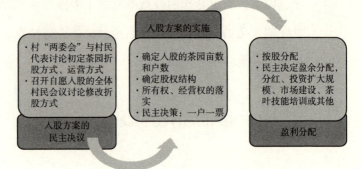

图5-3　茶叶加工合作社生产要素折价入股程式

化、生产要素股份化、生产专业化、用工统筹化、营销市场化的进程中，将不断意识到内部管理体系尚不够细化或者不能适应发展的实际需要。因此，之后还必须根据茶叶加工规模的逐步扩大，以及市场的变化情况，择机对合作社的内部运营方式和制度进行修订、调整和完善。包括资产配股制度、茶农社员分配制度、合作社资产核查清点制度、茶农社员外出学习考察制度、合作社管理人员工资标准、定性量化的扶贫帮困制度和三产发展计划等。需要特别指出的是，尽管分红数额是按照入股数额来计算的，但是在茶农社员的表决权方面，是严格实行"一户一票"的形式，以便进一步提高社员的积极性，并吸引更多茶农入股加盟茶叶合作社，增强了合作社以及全村的凝聚力。

同理，花木培育、水果种植、毛竹加工也可以按照这种模式组织建立专业合作社；发展到较成熟阶段时，上述专业合作社可以组建为合作联社，进一步实现资源组合、合作互补，发挥规模效应，通过绿色产业的发展带动整个村的脱贫致富和经济社会的可持续发展。

附　录

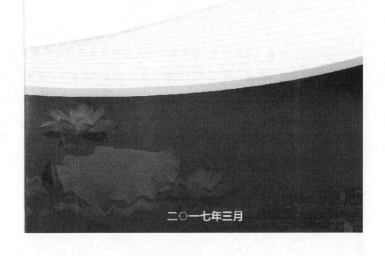

浙 江 省 扶 贫 办 公 室
中国人寿保险股份有限公司浙江省分公司

合作协议书

二〇一七年三月

合作协议书

甲方：浙江省扶贫办公室（以下简称甲方）

负责人：章文彪

地址：浙江省杭州市体育场路 479 号

邮编：310007

乙方：中国人寿保险股份有限公司浙江省分公司（以下简称乙方）

负责人：赵鹏

地址：浙江省杭州市中河中路 80 号

邮编：310009

  根据《中共中央 国务院关于打赢脱贫攻坚战的决定》（中发〔2015〕34 号）、《中国保监会 国务院扶贫办关于做好保险业助推脱贫攻坚工作的意见》（保监发〔2016〕44 号）、《中共浙江省委关于补短板的若干意见》、《浙江省人民政府 中国人寿保险（集团）公司全面战略合作协议》等有关文件精神，甲乙双方本着平等、自愿、互惠互利的原则，经过友好协商，决定在"十三五"期间建立合作关系，具体协议事项如下：

一、合作背景

按照习总书记提出的"创新、协调、绿色、开放和共享"的发展理念,甲乙双方围绕省委补短板的工作要求,充分发挥各自优势,着力服务浙江省扶贫开发工作大局,提高保险业服务浙江经济社会的广度和深度,确保绝对贫困现象不出现反复。根据各自发展目标,通过在多个领域开展多种形式的长期合作,不断创新和优化帮扶工作,实现政府主导和发挥市场机制相结合,社会效益和经济效益的有机统一。

二、合作原则

(一)相互支持,共同发展。在符合法律法规及政策规定的前提下,乙方积极参与、支持甲方组织的重大帮扶工作和相关活动,甲方支持乙方在全省为低收入人群提供大病医疗、大病补充医疗、人身意外及外出务工人员意外等保险保障服务。

(二)立足长远,逐步深化。双方以发展的眼光进行合作,从双方长远利益出发,甲方充分发挥综合协调等职能优势,乙方充分发挥资金、技术、网点和人力优势,共同努力提升合作成效,逐步深化战略合作。

(三)创新项目,共同探索。双方本着积极的态度,共同探索、创新合作模式,在友好协商的基础上共同选定合作项目,加强交流,稳妥推进,使合作各方的利益得到充分保障。

（四）诚实守信，保守秘密。双方本着诚实守信、平等合作的原则，推进和实施各具体合作事项，对合作过程中获得的对方发展规划、计划、商业秘密等予以严格保密。

三、合作领域

（一）共促扶贫开发事业发展

1. 双方通过创新方式、整合资源、精准帮扶，不断夯实基础、补齐短板。形成切实有效、可长期实施的政策举措，提高帮扶工作的精准度，整体提高低收入人群的保障水平。通过创新机制、制度保障来兜住底线，助推金融扶贫、助推美丽乡村建设。

2. 乙方依托综合金融优势，发挥商业保险作为"社会稳定器"的作用，形成与我省帮扶工作相适应的保险服务机制。双方共同创新扶贫保险服务，重点探索因病因残因灾因意外返贫等帮扶难点的解决方案，完善低收入人群救助机制。

（二）共促保险扶贫工作发展

1. 双方建立保险扶贫的工作机制，指导全省保险扶贫相关工作。加强联合调研与沟通，通过集中培训、专题调研、典型推广等形式，不断提高保险精准扶贫水平，探索保险与扶贫工作相结合的浙江模式。

2. 乙方为全省低收入人群开辟绿色通道，提供低廉、优质、方便、快捷、高效的保险及理赔服务；甲方积极发挥政策引导和组织协调优势，支持乙方在全省范围开展在全省为

衢州市人民政府办公室文件

衢政办发〔2017〕18号

衢州市人民政府办公室关于
进一步加强扶贫健康保险工作的意见

各县（市、区）人民政府，市政府各部门、直属各单位：

为贯彻落实《中共中央国务院关于打赢脱贫攻坚战的决定》（中发〔2015〕34号）和中国保监会、国务院扶贫办《关于做好保险业助推脱贫攻坚工作的意见》（保监发〔2016〕44号）精神，进一步加强扶贫健康保险工作，经市政府同意，现提出如下意见：

一、总体目标

扶贫健康保险是指在低收入农户参加城乡居民医疗保险基础上的医疗健康再保险，是城乡居民基本医疗保险制度的有益补充，是精准扶贫帮困的重要举措。扶贫健康保险要坚持"定向、精准、特惠、创新"的原则，到 2020 年，基本建立与国家脱贫攻坚战相适应的保险服务体制机制，形成商业性、政策性、合作性等各类机构协调配合、共同参与，惠及所有低收入农户的健康保险服务格局。

二、保险要求

（一）保险对象。

1. 原则上将农村最低生活保障对象、4600 巩固扶持对象、特困对象等纳入扶贫健康保险范围，有条件的县（市、区）可以扩大到城乡最低生活保障边缘对象及其他经济困难农户。

2. 保险对象实行动态管理，原则上根据低收入农户动态管理进行相应调整。

（二）保险责任。

原则上将参保对象患常见重大疾病、意外身故（残疾）、意外伤害医疗费、住院医保报销范围外费用等纳入扶贫健康保险责任范围。

（三）保险保费。

扶贫健康保险的人均保费金额由各县（市、区）根据当地实际确定。所需保费资金由县（市、区）承担，纳入本级财政预算。

（四）保险时限。

扶贫健康保险的保险期限原则上为一年一保。

三、工作要求。

（一）加强组织领导。各县（市、区）要成立工作班子，建立工作机制，明确责任分工，并制定实施细则，切实抓好扶贫健康保险工作。农办（扶贫办）要加强统筹协调，民政、残联、财政、保险公司等单位要根据各自职能，加强协作配合，确保各项工作落实到位。

（二）深化宣传发动。各县（市、区）要加大扶贫健康保险工作宣传力度，组织驻村干部、驻村农村工作指导员、村两委干部进村入户，向保险对象逐户发放保险单、宣传单、明白卡，做到保险政策、理赔办法家喻户晓。对文化程度不高或残疾智障对象，要组织人员上门宣讲政策、提供理赔服务。

（三）加强实践完善。扶贫健康保险是保险扶贫机制的探索和创新。在前期试点的基础上，市、县（市、区）农办（扶贫办）、民政、残联、财政、保险公司等有关单位要适时开展调研，针对试点工作的关键环节，纵深推进，取得实质性突破，尽快形成试点经验，做到"成熟一个，复制一个，推广一个"，推动扶贫健康保险工作在实践中规范完善。

（四）建立风险调节机制。各地要以保本微利为宗旨，建立风险调节机制，确保项目长效运行。鼓励保险公司将当年度扶贫健康保险的盈余（缴纳保费扣除理赔费用及必要的运行成本），按照一定比例作为下一年度的保费，进行滚动使用，出现亏损时，相应调整保费标准。

（五）提高保险服务水平。扶贫健康保险是精准扶贫、精

—3—

准脱贫的有益补充，是一项民生工程，要立足管用有效、立足于雪中送炭，做到应保尽保。鼓励保险公司在普惠政策基础上，通过提高保障水平、降低保险费率、优化理赔条件和实施差异化监管等方式，突出对扶贫健康保险的特惠政策和特惠措施，为低收入农户提供优质便捷的保险服务。

（六）加强督查考核。2017 年度扶贫健康保险工作原则上要在 2017 年 5 月底前完成。市政府将对各县（市、区）扶贫健康保险工作开展督查和考核，考核结果优秀的，市财政给予一定的保费补助。具体考核办法，由市农办（扶贫办）会同市财政局另行研究制定。

本意见自 2017 年 5 月 15 日起施行。

衢州市人民政府办公室
2017 年 4 月 14 日

抄送：市委各部门，市人大常委会、市政协办公室，衢州军分区，市法院，市检察院，巨化集团公司，各群众团体。

衢州市人民政府办公室　　　　　　　　　2017 年 4 月 14 日印发

参考文献

傅晨:《中国农村合作经济:组织形式与制度变迁》,中国经济出版社,2006;刘文华主编《经济法》(第四版),中国人民大学出版社,2012。

蒋高明:《优质农产品不是认证出来的》,http://blog.sciencenet.cn/blog-475-797896.html,登陆时间:2018年5月31日。

UNDP:《中国人类发展报告特别版》,中国出版集团、中译出版社,2019。

王晓毅:《积极推动精准扶贫与绿色发展相结合》,《中国社会科学报》2017年12月15日。

王晓毅:《积极推动精准扶贫与绿色发展相结合》,《中国社会科学报》2017年12月15日。

王玉梅:《从农民到股民农村社区股份合作社基本法律问题研究》,北京:中国政法大学出版社,2015。

于纪渭:《股份制经济学概论》(第六版),复旦大学出版社,2011,第36页。

周咏南:《习近平在衢州丽水调研时强调深入推进"欠发达乡镇奔小康工程"加快浙江全面建设小康社会进程》,《浙江日报》2007年1月24日。

Elvey, Anne and Gormley-O'Brien, David Paul (2013) Climate Change-Cultural Change: Religious Responses and Responsibilities. Preston: Mosaic Press.

Hocking, C. , & Kroksmark, U. . (2013). Sustainable occupational responses to climate change through lifestyle choices. Scandinavian Journal of Occupational Therapy, 20(2), 111-117.

Jiang Wei, Study on the Non-technological Innovation System for Green Development in Western China, Chinese Journal of Urban and Environmental Studies, June, 2016.

Jiang Wei, Ethnic Migration, Embedded Settlement and Development of Low-carbon Willingness: Based m a Field Survey on Reservoir Emigrants of She Minority and Inhabitants of Immigration Areas in Longyou County, Zhejiang Province, Chinese Journal of Urban and Environmental Studies, March, 2017.

Leonard, S. , Parsons, M. , Olawsky, K. , & Kofod, F. . (2013). The role of culture and traditional knowledge in climate change adaptation: insights from east kimberley, australia. Global Environmental Change, 23(3), 623-632.

Michaud, K. . (2009). The good steward: the impact of religion on climate change views. Csun Edu.Price, J. C. , Walker, I. A. , & Boschetti, F. . (2014). Measuring cultural values and beliefs about environment to identify their role in climate change responses. Journal of Environmental Psychology, 37, 8-20.

Sapiains, R. , Beeton, R. J. S. , & Walker, I. A. . (2016). Individual responses to climate change: framing effects on pro-environmental behaviors. Journal of Applied Social Psychology.

Swim, J. K. , Stern, P. C. , Doherty, T. J. , Clayton, S. , Reser, J. P. , & Weber, E. U. , et al. (2011). Psychology's contributions to understanding and addressing global climate change. American Psychologist, 66(4), 241.

后 记

联合国可持续发展目标明确指出，不能把任何人排除在发展之外。要在全球范围内消除贫困，就必须使减贫脱贫的阳光普照到每一个角落，因此我们亟须研究姜家村贫困成因以及扶贫脱贫的进展，探索增强其可持续发展能力的有效路径。

在 2017~2019 年陆陆续续的调研期间，课题组成员入住姜家村农户姜友珍夫妇家，同吃同住，在完成问卷期间同时开展了入户深访，和周围农户深入交流，获得了珍贵的第一手资料。每一份问卷都是由课题组成员一起逐个问题细致地询问被访人，以至于我们每天至多只能完成三份问卷，但是问卷的有效性和真实性得到了保证，使得调查报告能够最原始而直接地反映姜家村脱贫发展的事实，并在基于事实的基础上提出进一步发展的建议。

龙游县委党校的徐智慧校长、龙游县政府办的余志康主任、罗家乡党委和政府的领导班子及相关干部，以及姜家村村委会的蒋梅文、罗如林、罗贤荣、周文尉、蒋秋生、柴竹香等同志对此次调研给予了极度的信任，并竭尽全力地支持和帮助调研的进行。姜家村"两委"会的干部牺牲农忙时间，非常仔细地帮助我们对村问卷的每一个问题进行查询、填写，并多次与上级统计部门反复核对，确保了村问卷的真实有效性。撰写报告的过程中，课题组就遇到的问题又断断续续向当地县、乡、村各级部门核实，每次都得到他们的耐心解答。龙游乡土文化爱好者付海波多次给我们提供相关历史资料。问卷调查开展期间正值夏秋季节，是村民最为繁忙的时候，村委会成员帮助安排村民的时间参与调研。在姜家村村委会的大力协助下，我们随机抽取了30户贫困户和30户非贫困户，在问卷的基础上，由课题组成员或入户深访，或请被访农户来村委会图书室进行访谈，两种方式均没有当地干部在旁边，只有课题组成员与农户在场。

浙江省龙游县数学教师蒋潇棋非常细致地完成农户深访问题的设计及入户访谈、户问卷的面对面深访记录及问卷数据录入后的核查和后期补充访谈，并参与问卷数据的分析和总报告的撰写工作；中国社会科学院研究生院的李曦晨、武汉大学政治与公共管理学院的傅绚、中国社会科学院研究生院的孙惠临等同学都参与了调研访谈的整理以及报告的撰写等工作。在上述各方的巨大支持和帮助下，形成了姜家村卷的调研报告。

鉴于调研的情况和村民的意愿，"绿色扶贫"＋"健康扶贫"＋"产业扶贫"则是可行的有效路径。习近平总书记提出的"欠发达乡镇奔小康工程"的既定目标，以及联合国SDGs的17项子目标，不仅要求我们从每个村庄的资源禀赋和现实基础出发，对症下药、量体裁衣，而且还要用心倾听当地村民的心声，举各方之力，实现"精准扶贫、精准脱贫、建设美丽乡村"，努力帮助他们实现可持续发展的美好愿景。

图书在版编目（CIP）数据

精准扶贫精准脱贫百村调研. 姜家村卷："绿色+健
康"的双重维度 / 蒋尉, 蒋潇棋, 傅绚著. -- 北京：
社会科学文献出版社, 2020.6
ISBN 978-7-5201-5860-2

Ⅰ. ①精… Ⅱ. ①蒋… ②蒋… ③傅… Ⅲ. ①农村-
扶贫-调查报告-龙游县 Ⅳ. ①F323.8

中国版本图书馆CIP数据核字（2019）第280750号

· 精准扶贫精准脱贫百村调研丛书 ·

精准扶贫精准脱贫百村调研·姜家村卷
——"绿色+健康"的双重维度

著　　者 / 蒋　尉　蒋潇棋　傅　绚

出 版 人 / 谢寿光
组稿编辑 / 邓泳红　陈　颖
责任编辑 / 薛铭洁

出　　版 / 社会科学文献出版社·皮书出版分社（010）59367127
　　　　　地址：北京市北三环中路甲29号院华龙大厦　邮编：100029
　　　　　网址：www.ssap.com.cn
发　　行 / 市场营销中心（010）59367081　59367083
印　　装 / 三河市尚艺印装有限公司

规　　格 / 开　本：787mm×1092mm 1/16
　　　　　印　张：12　字　数：118千字
版　　次 / 2020年6月第1版　2020年6月第1次印刷
书　　号 / ISBN 978-7-5201-5860-2
定　　价 / 59.00元

本书如有印装质量问题，请与读者服务中心（010-59367028）联系